MARKTFRISCH *Genießen*

Elisabeth Veit

BLV

MARKTFRISCH

Genießen

Obst und Gemüse der Saison

inkaufstipps • Gesundheitswert • über 200 Rezepte

Elisabeth Veit

BLV

Die Deutsche Bibliothek –
CIP-Einheitsaufnahme

Veit, Elisabeth:
Marktfrisch genießen : Obst und Gemüse der Saison ; Einkaufstipps, Gesundheitswert ; über 200 Rezepte / Elisabeth Veit. – München ; Wien ; Zürich: BLV, 1999
ISBN 3-405-15624-6

Diesem Buch liegt die seit 1. August 1998 verbindliche Neuregelung der deutschen Rechtschreibung zu Grunde.

BLV Verlagsgesellschaft mbH
München Wien Zürich
80797 München

Satz & Layout:
Atelier Steinbicker, München
Einbandgestaltung:
Studio Schübel, München
Lektorat: Gudrun Ruoff
Druck: Appl, Wemding
Bindung: Auer, Donauwörth

Bildnachweis:
Alle Fotos im Buch wurden von der Autorin in der Münchner Großmarkthalle, auf dem Viktualienmarkt und auf den bayerischen Bauernmärkten aufgenommen.

Einbandfotos:
Titelseite oben Mitte: tony stone worldwide, Penny Tweedie
alle anderen von der Autorin

Gedruckt auf chlorfrei gebleichtem Papier

Printed in Germany
ISBN 3-405-15624-6

Inhalt

Ein Marktbummel mit

Lassen Sie sich zu einem Marktbummel verführen.

Im Frühling türmen sich Spargelberge an den Ständen auf. Wenig später lösen Tomaten, Paprika und Auberginen sie ab. Schwelgen Sie von Januar bis Dezember im Luxus der Gemüsevielfalt. Nehmen Sie hier eine Nase voll Beerenduft, erfreuen Sie sich dort am Anblick glänzender Fischkiemen. Streichen Sie mit der Hand über samtige Pfirsichhaut, über lackartige Auberginenschale. Obst und Gemüse sprechen alle Sinne an. Bevorzugen Sie Freilandgemüse aus der Umgebung. Es enthält mehr Vitamine und Mineralien als Treibhausware. Außerdem muss es nicht so lange transportiert werden wie Überseeware. Kaufen Sie beim Biobauern; er garantiert Produkte aus umweltfreundlichem Anbau. Am Bauernstand nehmen Sie gleich Eier und lose Landbutter, Geflügelfleisch von freilaufenden Hühnern mit. Achten Sie im Sommer auf Fischhändler mit eigener Fischzucht und ab Herbst auf schussfrisches Wildgeflügel oder Wild.

Qualität und Nährstoffe

Ihre Wahl sollte sich an Nährwert und gesundheitlichem Nutzen der Gemüse orientieren. Sie finden die dazu notwendigen Informationen bei jedem Gemüse in diesem Buch. Wer abnehmen möchte, greift im Frühling zu Spargel und Kartoffeln, im Sommer zu Gurken oder Tomaten. Bei Verdauungsbeschwerden helfen z. B. Fenchel, Pastinaken, Zwiebeln und Rhabarber. Übersäuerung begegnen Sie mit Karotten, Knollensellerie, Kürbis und Kartoffeln.

Doch wie lässt sich am Marktstand Qualität erkennen? Verlassen Sie sich auf Ihre fünf Sinne. Dies Buch verrät Ihnen, wie Sie hochwertiges Gemüse erkennen, wie es riecht und sich anfühlt. Dann kaufen Sie zur Erntezeit preiswert das Beste. Tipps zur Lagerung und Konservierung ermöglichen Ihnen eine sinnvolle Planung. Die Zubereitungsarten sind bei allen Rezepten schonend. Ist bei einem Gemüse besondere Vorsicht geboten, ist dies extra vermerkt.

Einkaufstipps

- Meiden Sie feuchtes Gemüse. Viele Händler halten ihre Ware nass; so glänzen selbst verwelkte Blätter. Doch wasserlösliche Vitamine werden ausgeschwemmt.
- Kaufen Sie kein eingepacktes Gemüse, das Sie nicht komplett begutachten können. Gerade die Schnittstellen verraten das Alter.
- Bevorzugen Sie kleinere Exemplare. Walderdbeeren, Cocktailtomaten, Einlegegurken und Minizucchini zeigen, dass in diesen Früchtchen mehr Geschmack sitzt. Das trifft auch für den Nährwertgehalt pro 100 g zu.
- Vorsicht bei Gemüse, das wochenlang im Kühlschrank prall bleibt! Diese ewig jungen Zombies enthalten mehr Chemie als Natur. Als Nahrungsmittel sind sie nahezu wertlos.

Einkaufstipps

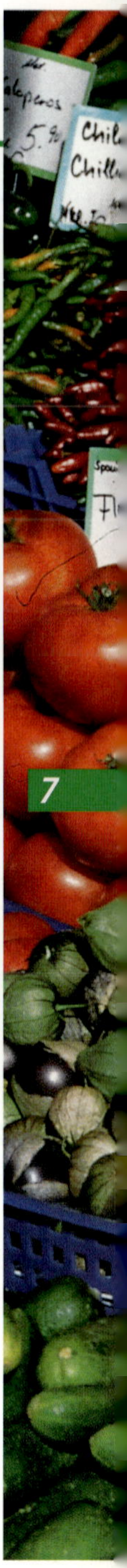

Gemüse I. und II. Klasse

Handelsklasse Extra, I, II, oder III sagen nichts über Geschmack, Nährstoffgehalt und Lagerdauer. Sie informieren lediglich über Optik, Größe, Gewicht. Danach ist ein Apfel unter 55 mm Durchschnitt nicht mehr first class; gleichwohl ist er vitaminreich und schmackhaft. Zum Zerkleinern, Garen, Kochen und Backen reichen die Handelsklassen II und III. Zum rohen Verzehr oder zur Garnitur greifen Sie in die teurere I. Klasse.

Vegetarisch – ja oder nein?

Frisches Gemüse und knackige Salate lieben alle. Doch ob die täglichen Mahlzeiten fleischlos sein sollen, ist individuell zu entscheiden. Die Rezepte für die vier Jahreszeiten bieten gelegentlich Fleisch oder Fisch mit an; Sie können sie aber durch Tofu, Getreide, Eier oder ein weiteres Gemüse ersetzen.

Einige Gesundheitsfakten: Vegetarier erfreuen sich eines tendenziell niedrigen Blutdrucks, was die Adern entlastet, und weisen in Tests niedrige Blutfettwerte auf. Cholesterin ist bei dieser Ernährung kein angsteinflößendes Thema. Die Gefahr eines Herz- oder Schlaganfalls liegt bei Verzicht auf Fleisch weit unter dem Durchschnitt. Vegetarier haben niedrige Harnsäurewerte, d. h., ihr Gichtrisiko ist sehr gering. Ein zusätzliches Plus: Vegetarier halten ihr Gewicht leichter. Nicht grundlos leben die meisten Leistungssportler und Modells fleischlos.

Mengenangaben und Abkürzungen

Alle Gerichte sind für vier Personen berechnet. Die Mengenangaben beziehen sich auf ungeputzte Ware. Minuten- und Stundenangaben sind Durchschnittswerte. Gelagertes, trockenes Gemüse benötigt etwas längere Garzeiten. Wer es knackiger mag, verkürzt die Garzeiten.

kg	Kilogramm
ml	Milliliter
l	Liter (= 1000 ml)
TL	Teelöffel
EL	Esslöffel
Msp.	Messerspitze
geh.	gehäuft
gestr.	gestrichen
getr.	getrocknet
gem.	gemahlen
cm	Zentimeter
Min.	Minuten
Std.	Stunden
mind.	mindestens
max.	maximal

Junges Gemüse

im Frühling

21. März – Tagundnachtgleiche – Frühlingsbeginn

Im Frühling erwacht die Lust auf Neues, und auf den Märkten wartet das erste Frischgemüse. Bauern- oder Wochenmärkte garantieren kurze Wege vom Feld zum Endverbraucher; das bedeutet beste Qualität.

Knackig soll die Frühlingsküche sein. Wenn die Sonne nach draußen lockt, sind schnell vorzubereitende Gerichte mit Biss gefragt: Junger Spinat und Zuckerschoten sind rasch gar. Die ersten Artischocken werden im März erwartet. Und endlich ist auch der Tag erreicht, an dem sich die Spargelspitzen durch die Erde bohren. Neue Kartoffeln wecken Erinnerungen an die ersten selbst gegarten Knollen im Osterfeuer. Die mit Sahne verfeinerte Elsässische Kartoffelsuppe wird mit Frühkartoffeln zum lukullischen Erlebnis.

Der warme Mai regt Frühlingsgefühle an, und manche Köchin erinnert sich jetzt, dass Liebe mitunter durch den Magen geht. Komponieren Sie ein erotisches Menü für Zwei, und huldigen Sie Aphrodite, der Göttin der sinnlichen Liebe: Artischocken und Spargel werden aphrodisierende Kräfte zugeschrieben. Wer das nicht glauben mag, kann sich immerhin darauf verlassen, dass diese Gemüsesorten nicht schwer im Magen liegen.

Setzen Sie Vertrauen in biologisch angebautes Gemüse und erfahrene Marktfrauen. Nehmen Sie junges Gemüse, grüne Kräuter und frisch gemahlene Gewürze. Waschen Sie die Früchte gründlich, aber schnell unter fließendem kaltem Wasser, denn einige Vitamine sind wasserlöslich. Verwenden Sie stets beste, sprich kaltgepresste Öle und milde Wein- oder Obstessige. Auch sie hält der Markt feil. Damit wird Küchenarbeit zum Vergnügen und die nächste Mahlzeit zum Fest der Sinne.

Beachten Sie: Märkte bieten in jeder Saison mehr als frische Früchte. Im Frühling finden Sie Osterlämmer und Zicklein; fangfrisch liegen Maischollen, Matjes, Flusskrebse bereit. Sie brauchen nur zuzugreifen. Schnell gekochte Rezepte finden Sie hier im Buch.

Das Frühlingsmenü

Frisches Gemüse zum Saisonauftakt

Der Frühling bringt die großen Feste Ostern, Pfingsten, und neben den Kirchentagen laden die wärmer werdenden Wochenenden zu Geselligkeiten mit der ganzen Familie oder ausgelassenen Freundesrunden ein. Das alles sind Gelegenheiten zum Auftischen.

Traditionell ranken sich um das Osterfest viele Bräuche: Ab Ostern waren nach der 40-tägigen Fastenzeit erstmals wieder Eier auf dem Speiseplan erlaubt. Wenn Kinder ihre Osternester aufstöbern, suchen sie symbolisch Lebensenergie und Fruchtbarkeit – auch wenn den Kleinen das nicht bewusst ist.

Ostern ist heute das Fest der Auferstehung Jesu, aber auch das Fest der erwachenden Natur. Der Winter wird mit den traditionellen Osterfeuern vertrieben. Fruchtbarkeitssymbole wie Brote und Gebäck in Lamm- bzw. Hasenform sind bis heute in vielen Gegenden üblich. Hasen gelten von alters her als das Fruchtbarkeitssymbol schlechthin. Lämmer, d. h. am besten vier Monate alte Milchmastschafe, werden jetzt geschlachtet. Der Brauch geht auf das jüdische Passah-Fest im Frühling zurück.

Die Monate des Keimens und Wachsens haben begonnen. Im März und April sät der Bauer, was in Sommer und Herbst geerntet werden soll: Bohnen, Erbsen, Karotten, Kopfsalat, Porree, Pastinaken, Rüben, Schwarzwurzeln und Zwiebeln.

Im Mai sind die seit dem 16. Jahrhundert bekannten Maibäume Symbole der aufgeblühten Natur. Der Monat hat seinen Namen vom römischen Gott des Wachstums: Maius. Ein lang gehegter, heute vergessener Erntebrauch war ein Erntedankfest im Frühling nach der ersten Ernte. Denn im Mai wird der Spargel gestochen. Die ersten Salatköpfe sind emporgeschossen. Kräuter und zarte Spinatblätter können geerntet werden. Auch Rhabarber und Erdbeeren stammen nun schon aus heimischem Anbau.

Nutzen Sie das Angebot der Märkte für Ihr ganz persönliches Oster- oder Frühlingsfest. Das Menü ist der leichten Küche verpflichtet, berücksichtigt aber Ostertraditionen. Laden Sie mehr als vier Peronen ein, rechnen Sie die Mengen hoch.

Spinatsalat mit Wachteleiern

- *150 g Frühlingsspinat*
- *2 Frühlingszwiebeln*
- *8 Wachteleier*
- *2 EL Essig, 4 EL Öl*
- *Pfeffer, Salz*
- *2 geh. TL geriebener Meerrettich*
- *1 geh. EL Sonnenblumenkerne*

Spinat und Frühlingszwiebeln putzen, Zwiebeln in dünne Ringe schneiden. Eier in 3 Min. hart kochen, schälen und halbieren.

Aus Essig, Öl, Gewürzen und Meerrettich eine Vinaigrette rühren.

Gemüse auf 4 Teller verteilen, Vinaigrette darüber gießen, mit Eihälften und Kernen garnieren.

Lammfilets mit Rosmarin

- *600 g Lammfilet*
- *1 Rosmarinzweig (Ersatz: 1/2 TL getr. Rosmarinblätter)*
- *2 EL Öl, Pfeffer*
- *2 TL Estragonsenf*
- *100 g geräucherter, durchwachsener Speck*

Fleisch mit abgezupften, im Mörser zerstoßenen Rosmarinnadeln, Öl und Senf einreiben, pfeffern und 2 Std. marinieren. Speck in sehr feine Streifen schneiden, in einer heißen Pfanne auslassen, Lammfilets im Ganzen darauf anbraten.

Nach 3 Min. Hitze reduzieren und je nach Dicke der Filets noch 2–5 Min. abgedeckt garen. Fleisch schräg in 3 cm dicke Stücke schneiden, mit den krossen Speckstreifen servieren.

Marktfrische Feiertagsbeilagen: weiß-grüne Spargelplatte und neue Kartoffeln in der Schale gegart.

Gratinierter Rhabarber mit Erdbeersauce

- *3 Rhabarberstangen*
- *2 geh. EL Zucker*
- *1/2 Zimtstange*
- *etwas Zitronensaft*
- *2 Eiweiße*
- *100 g Zucker*

Rhabarber putzen, in 2 cm dicke Streifen schneiden, mit Zucker und Zimt in 5–8 Min. bissfest garen. Ohne Zimt in eine feuerfeste Form füllen.

Eiweiß mit Zitronensaft in einer Metallschüssel steif schlagen. Zucker allmählich einarbeiten, wolkenartig auf dem Rhabarber verteilen. Im vorgeheizten Backofen bei 180 °C hellgelb backen.

- *250 g Erdbeeren*
- *1 Orange*
- *50 g Puderzucker*

Erdbeeren pürieren, mit Orangensaft verdünnen, Puderzucker einrühren.

Gratin warm servieren. Erdbeersauce separat reichen.

Beenden Sie Ihr Frühlingsfest mit einer Waldmeisterbowle. Anfang Mai finden Sie die Blätter des noch nicht blühenden Waldmeisters in Laubwäldern. Für die Bowle besorgen Sie 2 Flaschen trockenen Weißwein und 1 Flasche trockenen Sekt. Sie pflücken ein Sträußchen Waldmeister, waschen die Stängel, breiten sie 2–3 Std. zum Trocknen aus und zupfen dann die Blätter ab. 2 geh. EL Waldmeister werden mit einigen gewaschenen Erdbeerblättern in 250 ml Weißwein angesetzt und ziehen bei Zimmertemperatur etwa 3 Std. Sie gießen mit eiskaltem Wein und Sekt auf, entfernen die Blätter vor dem Servieren. Wer mag, gibt Spiralen von unbehandelter Zitronenschale dazu.

Wenn Sie keinen Waldmeister finden, nehmen Sie Erdbeeren.

Artischocken

Kalium, Kalzium, Magnesium, Cynarin, Ballaststoffe

Eines der edelsten Gemüse ist die Artischocke; fast zu schön zum Verspeisen. Im Frühling und Frühsommer finden Sie die runden Köpfe der Cynara scolymus und die ovalen der Cynara cardunculus aufgetürmt. Die grün-violetten Blüten versprechen Genüsse der Extraklasse. Dass den Früchten eine aphrodisierende Wirkung nachgesagt wird, ist ein zusätzlicher Reiz. Probieren Sie das Gemüse, das schon die Marquise de Pompadour nicht verschmähte, um für Ludwig XV. bereit zu sein.

Artischocken einkaufen und zubereiten

Frischesignal	fleischige, an der Spitze geschlossene Blätter, keine trockenen Blattspitzen, saftiger Stielansatz
Lagerung	1–2 Tage im Gemüsefach des Kühlschranks
Verarbeitung	Blattspitzen kappen, unansehnliche Außenblätter abnehmen; dicke Stiele kürzen, kleine Stiele Richtung Knospe schälen, 4 Stück in 3 l Wasser mit 1 gestr. TL Salz und dem Saft 1 Zitrone bzw. 2 Msp. preiswerter Ascorbinsäure (Apotheke) kochen
Vorsicht	Artischocken nie in Aluminiumtöpfe oder Eisenpfannen; sie nehmen Metallgeschmack an und verlieren Farbe

Gesund mit Genuss

Bei Medizinern steht die Artischocke im Ruf, die Leber zu unterstützen. Blätter und Stiel enthalten den verdauungsfördernden Bitterstoff Cynarin, der den Organismus entgiftet und zudem die Durchblutung stärkt. Nicht umsonst wird aus Artischocken ein Aperitif hergestellt: Cynar. Gießen Sie das Kochwasser also nicht fort, sondern geben Sie 2–3 EL davon an die Sauce. Oder trinken Sie es.

Diabetiker schätzen an der Artischocke das Kohlenhydrat Inulin – ein Diätzucker.

Artischockenböden mit Zitrone

- *8 große Artischocken*
- *2 EL Olivenöl*
- *Pfeffer, Salz*
- *Saft von 2–3 Zitronen*
- *1 Bund Blattpetersilie*

Artischocken waschen, Stiel, Blätter und Heu fortschneiden, so dass nur der Boden übrig bleibt. In 2–3 mm dünne Scheiben schneiden, im Öl anbraten, würzen und mit Zitrone ablöschen. Max. 10 Min. dünsten; die Scheiben sollen fest bleiben. Mit abgezupften Petersilienblättern bestreuen.

Römische Artischocken

- *8 kleine, ovale Artischocken*
- *8 EL Olivenöl*
- *2 Knoblauchzehen*
- *4 Salbeiblätter*
- *Pfeffer, Salz*

Artischockenblätter oben gerade schneiden, äußere Blätter entfernen und Stiel schälen. Waschen, trockentupfen und im heißen Öl mit den abgezogenen Knoblauchzehen und Kräutern von allen Seiten anbraten. Hitze reduzieren, würzen, abdecken und in etwa 20 Min. weich dünsten.

Artischocken sind weich, wenn Sie mit einer Gabel mühelos in den Stielansatz stechen.

Mit etwas Öl beträufelt als Vorspeise servieren. Dazu passen italienische Salami, Parma- oder San-Daniele-Schinken und Olivenbrot.

Artischocken mit Vinaigrette

- *4 runde Artischocken*
- *Salz, Saft von 1 Zitrone*
- *1 Bund Minze*
- *1 Bund Schnittlauch*
- *2 Eier*
- *1 geh. TL grobkörniger Senf*
- *4 EL Essig, 8 EL Öl*
- *Pfeffer, Salz*

Vorbereitete Artischocken in gesalztem Zitronenwasser schwimmend etwa 30 Min. kochen, bis sich ein Blatt leicht herausziehen lässt. Gut abtropfen.

Kräuter waschen, trockenschütteln und fein schneiden. Eier hart kochen, schälen und sehr klein würfeln.

Aus Senf, Essig und Öl eine Vinaigrette rühren, würzen, Kräuter sowie Eier unterziehen.

Gefüllte Artischocken

- *4 runde Artischocken*
- *1 Zitrone*
- *2 Frühlingszwiebeln*
- *100 g gekochter Schinken*
- *75 g mittelalter Gouda*
- *1 Bund Dill*
- *100 ml saure Sahne (20 % Fett)*
- *Pfeffer, Rosenpaprika*
- *Butter*

Oberes Drittel der Artischocken und Stiel waagerecht mit der Küchenschere abschneiden, Blätter aus der Mitte herausziehen, so dass das Heu mit einem Löffel entfernt werden kann. Waschen und in Salzwasser mit Zitronensaft 10 Min. vorkochen. Frühlingszwiebeln in feine Ringe schneiden, Schinken und Käse würfeln, Dill hacken. Mit Sahne mischen, würzen.

Feuerfeste Form einfetten. Artischocken füllen, in die Form stellen und im vorgeheizten Backofen bei 200 °C 20–30 Min. garen.

Frühlingszwiebeln

Vitamin A und C, Kalium, Kalzium, Senföle

Leuchtend weiße Kügelchen mit hellen Wurzelfäden, tiefgrüne Röhren, die rascheln, wenn Sie das Bund zerteilen: Frühlingszwiebeln sind die milde Variante der Küchenzwiebel. Zwar werden die Bunde mittlerweile ganzjährig angeboten, doch ihre große Stunde schlägt im Frühling, wenn die Zwiebeln winzig und zart sind. Gedünstet schmecken sie lieblich.

Frühlingszwiebeln einkaufen und zubereiten

Frischesignal	weiße Zwiebeln von 1–1,5 cm Durchmesser, steife Enden
Lagerung	1–3 Tage, dunkel, trocken, nicht in Plastik
Verarbeitung	äußere Schale abziehen, Wurzelende abschneiden, roh, braten oder garen; mit Zitronensaft milder

Frittiertes Gemüse

- *2 Bund Frühlingszwiebeln*
- *500 g grüner Spargel*
- *8 geh. EL Weizenmehl + Mehl zum Wenden*
- *4 geh. EL Kartoffelmehl*
- *2 Msp. Backpulver*
- *1 Msp. Salz*
- *Mineralwasser*
- *200 g hoch erhitzbares Pflanzenfett*

Frühlingszwiebeln putzen, waschen und in 5 cm lange Röhren schneiden, größere längs halbieren. Spargel im unteren Drittel schälen, 5 Min. blanchieren, in 5 cm Stücke schneiden.

Mehl, Backpulver, Salz und Mineralwasser zu einem dünnflüssigen Teig glatt rühren. Feuchtes Gemüse in Mehl wenden, in Teig tauchen und frittieren. Ohne Fritteuse Gemüse schwimmend in flachem Topf ausbacken. Auf Küchenkrepp abtropfen.

Dazu passt eine Quark-Kräuter-Sauce: 250 g Quark mit Mineralwassser glatt rühren, pfeffern und salzen, frische Kräuter einrühren.

Frühlingssalat mit Krebs

- *8 Flusskrebse*
- *1 Bund Frühlingszwiebeln*
- *100 g Spinat*
- *1 Bund Schnittlauch*
- *1 Karotte*
- *2 EL Essig, 4 EL Öl*
- *1 gestr. TL Senf*
- *Pfeffer, Salz*

Flusskrebse waschen, in kochendes Wasser setzen und 10 Min. kochen, abgießen. Schwanz herausdrehen, Scheren mit Küchenschere oder Zange aufknacken, Fleisch herauslösen.

Frühlingszwiebeln und Spinat putzen. Zwiebeln und Schnittlauch in Röllchen schneiden. Karotte putzen und grob reiben.

Aus Essig, Öl, Senf und Gewürzen eine Vinaigrette rühren. Gemüse mischen, begießen und darauf das warme Krebsfleisch setzen.

Quiche mit Frühlingszwiebeln

- *100 g Butter*
- *250 g Weizenvollkornmehl*
- *½ TL Salz*
- *3 EL kaltes Wasser*

Butter in Stückchen schneiden, mit Mehl und Salz in eine Schüssel geben und Butter mit den Händen in das Mehl einreiben. Wasser zugießen und Teig kneten. Eine Stunde kühl ruhen lassen. Auf bemehlter Fläche oder zwischen Klarsichtfolie Teig etwas größer ausrollen als die Springform; Teigdicke etwa 5 mm.

Form einfetten. Teigboden über die Form legen und Rand andrücken. Boden mit einer Gabel gleichmäßig einstechen. Überstände abschneiden. Backofen vorheizen.

- *3 Bund Frühlingszwiebeln*
- *100 g Chester*
- *200 ml saure Sahne*
- *2 Eier*
- *Pfeffer, Muskat*

Frühlingszwiebeln putzen, Zwiebelköpfe in 2 mm, Grün in 5 mm breite Ringe schneiden. Käse grob reiben. Gemüse, Käse, Sahne und Eier verrühren, kräftig würzen und auf dem Boden verteilen. Bei 220 °C 30–35 Min. auf mittlerer Schiene backen.

Eine Quiche wird warm serviert.

Zwiebel-Shrimps-Spieße

- *12 Frühlingszwiebeln*
- *24 geschälte Shrimps*
- *12 Holzspieße*
- *Pfeffer, Salz, Anis*
- *Saft von 2 Zitronen*
- *Öl*

Frühlingszwiebeln putzen, quer halbieren. Shrimps abbrausen, dunklen Darm entfernen. Fisch und Gemüse so auf Holzspieße fädeln, dass jeder Shrimp von ½ Frühlingszwiebel umhüllt ist: Weiße Zwiebel aufspießen, Shrimp durchbohren, nun das grüne Ende der Frühlingszwiebel aufspießen.

Spieße würzen, und 30 Min. in Zitronensaft marinieren. Von jeder Seite 1 Min. in wenig Öl braten oder mit Öl bepinselt grillen.

Dazu passt Gemüsereis.

Kartoffeln

Vitamin C, Eisen, Kalium, Magnesium, Stärke, Eiweiß, Ballaststoffe

Kartoffeln sind in der Küche sehr vielseitig, und doch sind gerade sie zum Rohmaterial von Fertigprodukten verkommen. Dabei bieten die weltweit mehr als 1000 Kartoffelsorten eine breite Geschmackspalette. Frühkartoffeln ernten die Bauern ab Juni; sie eignen sich nicht zur Lagerung. Fest kochende bzw. speckige Sorten verarbeiten Sie zu Salat, Röstis, Pommes frites oder Bratkartoffeln, mehlig kochende zu Suppen, Püree und Klößen.

Kartoffelgeschichte

Spanische Seefahrer wurden im 16. Jahrhundert in Peru fündig: Die Inkas bauten die Knollen an und hatten eine natürliche Gefriertrocknung entwickelt: zertreten, in der Sonne trocknen, von den Nachtfrösten einfrieren lassen und trocken lagern.

Der feldmäßige Kartoffelanbau startete hierzulande 1647 im oberfränkischen Pilgramsreuth. 1746 erweiterte Markgraf Friedrich von Bayreuth die Abgabepflicht des Zehnten auf Kartoffeln, die bis dato im Gegensatz zu Getreide steuerfrei waren. Sein Schwager Friedrich II. zwang preußische Bauern zum Kartoffelanbau. Während des Siebenjährigen Krieges erlebten die Knollen einen traurigen Erfolg.

Kartoffeln einkaufen und zubereiten

Frischesignal	fest, saftige Schnittstelle, keine Triebe, nicht runzelig; Ware vom Biobauern bevorzugen
Lagerung	dunkel, trocken, luftig, im frostfreien Keller; nicht in Plastik; Spätkartoffeln ab September einlagern
Verarbeitung	junge Kartoffeln bürsten, in der Schale kochen und warm pellen; in Alufolie backen; vor dem Schälen waschen, nicht in Wasser legen
Vorsicht	grüne Stellen ausschneiden: giftiges Solanin; angekeimte Kartoffeln besitzen weniger Nährwert, Keime ausschneiden

Gesund mit Genuss

Kartoffeln sind großzügige Kaliumspender – ein unerlässliches Mineral für Herz und Herzmuskel. Reichlich genossen sollen die Knollen sogar vor Schlaganfall schützen. Kartoffeln sind basisch und bauen Übersäuerung ab.

Ihre Ballaststoffe sorgen für eine gesunde Verdauung. Zu Unrecht erlangten die Knollen einen negativen Ruf: Sie machen mit 70 Kalorien pro 100 g nicht dick. Da sie entwässern, sind sie das Gemüse für eine Diät.

Kartoffelsalat

- *1kg fest kochende Kartoffeln*
- *2 Zwiebeln*
- *1 Bund Radieschen*
- *125 ml Gemüsebouillon*
- *2 EL Essig, 4 EL Öl*
- *Pfeffer, Salz*
- *1 Bund Schnittlauch*

Kartoffeln waschen, in der Schale in Salzwasser kochen, pellen und in dünne Scheiben schneiden. Zwiebeln schälen und würfeln. Radieschen waschen und stifteln.

Aus Bouillon, Essig, Öl und Gewürzen eine Vinaigrette rühren. Gemüse in einer Schüssel mischen, Vinaigrette darüber gießen und 30 Min. ziehen lassen. Abschmecken und mit Schnittlauchröllchen bestreuen.

Zum Kartoffelsalat gehört im Frühling die frische Maischolle: Küchenfertig einkaufen, waschen, innen salzen, mit Zitronensaft beträufeln, in Mehl wenden und in Butterschmalz von beiden Seiten braun braten. Mit Zitronen servieren.

Elsässische Kartoffelsuppe

- *750 g mehlig kochende Kartoffeln*
- *2–3 Karotten*
- *2 Stangen Porree*
- *100 g geräucherter Speck*
- *750 ml Gemüsebouillon*
- *Pfeffer*
- *½TL getr. Thymian*
- *2 Lorbeerblätter*
- *150 ml saure Sahne*
- *4 altbackene Weißbrotscheiben*
- *Butter*

Kartoffeln schälen, Karotten schaben und beides klein würfeln. Porree putzen und in dünne Ringe schneiden.

Speck in feine Streifen schneiden und in einem großen Topf auslassen. Gemüse zugeben und unter Rühren anbraten. Mit Bouillon ablöschen, würzen und mit Lorbeer 30 Min. köcheln lassen. Sahne unterrühren, Lorbeer herausfischen. Weißbrot entrinden, vierteln, in wenig Butter braun braten und auf die Suppe setzen.

Neue Kartoffeln mit Matjes

- *500 g kleine, mehlig kochende Kartoffeln*
- *200 ml saure Sahne (20 % Fett)*
- *150 ml Joghurt*
- *½ Zitrone*
- *1 Bund Frühlingszwiebeln*
- *4 eingelegte Gurken*
- *Pfeffer*
- *8 Matjesfilets*

Kartoffeln abbürsten und in der Schale kochen. Sahne und Joghurt mit Zitronensaft glatt rühren. Frühlingszwiebeln in schmale Ringe schneiden, Gurken klein würfeln, mit der Sahne mischen und pfeffern. Zur Dekoration einige grüne Ringe aufheben. Kartoffeln pellen. Matjes einrollen, auf der Sahne servieren.

Spargel

Vitamin B_1, B_2, C und E, Folsäure, Eisen, Kalium, Magnesium, Ballaststoffe

Nicht immer muss das Kochen neu erfunden werden; bei Spargel ist das beliebteste Rezept das traditionelle: Weißer Spargel mit zerlassener Butter, jungen Kartoffeln und Schinken. Ob letzterer gekocht oder geräuchert sein soll, darüber streiten die Gourmets.

Clevere Marktfrauen brechen das untere Ende einer Stange ab oder drücken in die Schnittfläche, um ihren Kunden die Frische zu beweisen. Nur am selben Tag gestochener Spargel spritzt. Die deutschen Hauptanbaugebiete heißen Braunschweiger Land, Schwetzingen, Baden, Schrobenhausen. Die Ernte beginnt Ende April. Letzter Stichtag ist in Deutschland Johannistag, der 24. Juni. Danach werden die aufgeschütteten Erdwälle begradigt, und der Spargel treibt grüne Büsche mit roten Beeren. Die Wurzelstöcke müssen sich bis zum nächsten Jahr erholen.

Spargelgeschichte

Weißer, unter Erdhügeln gereifter Spargel ist seit dem 18. Jahrhundert bekannt. Haben sich die Köpfe vor dem Stechen durch die Erde gebohrt, verfärben sie sich violett oder rötlich. Grüner Spargel wächst über dem Feld. Er wurde schon in der Antike geschätzt, ist vitaminreicher und schmeckt intensiver. Die Römer bauten als erste Spargel an. Sein ursprünglich bitterer Geschmack ist heute weitgehend fortgezüchtet.

Spargel einkaufen und zubereiten

Frischesignal	geschlossener Kopf, feste Stange, feuchte Schnittstelle, leicht zu brechen, duftet aromatisch am Anschnitt, nicht säuerlich; sehr dicke Stangen holzig
Lagerung	max. 2 Tage ungeschält in feuchtes Geschirrtuch geschlagen
Verarbeitung	schälen, nicht waschen, 6–8 Stangen mit Küchenzwirn zusammenbinden, weißen Spargel je nach Stärke 15–25 Min. stehend oder schwimmend kochen, grünen 10–15 Min.; Kochwasser mitverarbeiten, z. B. als Spargelsuppe; plus Fett
Vorsicht	wegen Nitratgehalt nicht aufwärmen; Spargel enthält Purin und ist für Gichtkranke ungeeignet; Folsäure geht beim Aufwärmen und Warmhalten verloren; Allergie möglich: »Spargelkrätze«

Gesund mit Genuss

Spargel gilt als natürlicher Blutreiniger und Ausschwemmer; er regt die Nieren zu verstärkter Leistung an. Das Gemüse kann hohen Blutdruck drosseln. Homöopathen setzen »Asparagus officinalis« bei Herzbeschwerden und Blasenerkrankungen ein. Seine Nährstoffe stärken das Immunsystem und schützen somit vor negativen Stressauswirkungen.
Nonnen wie Mönche bauten in ihren Klostergärten Spargel schon im Mittelalter als Heilpflanze an. Außerhalb der Klostermauern schätzen viele die Stangen als Aphrodisiakum.

Spargel schälen

Spargel wird immer vom Kopfende Richtung Schnittstelle geschält. Sie beginnen bei weißem Spargel 2 cm unterhalb des Kopfes, bei grünem im unteren Drittel. Verwenden Sie ein scharfes Küchenmesser, einen Sparschäler oder – ganz professionell – einen Spargelschäler. Wichtiger ist jedoch die Großzügigkeit der Köchin, denn schon eine holzige Stelle verdirbt den Genuss. Schneiden Sie selbst frischen Spargel unten mind. ½ cm ab. Wer das Aroma intensivieren will, kocht die Stangen mit den gewaschenen Schalen.

Spargel-Carpaccio

- *8–10 Stangen grüner Spargel*
- *2 Tomaten*
- *2 Zitronen*
- *2 EL Nussöl*
- *Pfeffer, Salz*

Spargel schälen und 5 Min. blanchieren. Schräg in 2 mm dünne Scheiben schneiden. Tomaten abziehen, entkernen und würfeln.
Aus dem Saft der Zitronen, Öl und Gewürzen eine Vinaigrette zubereiten. Spargel auf 4 Tellern ausbreiten, Zitronen-Öl-Mischung darüber gießen und mit Tomatenwürfeln dekorieren.

Grüner Spargelsalat

- *1 kg grüner Spargel*
- *2 EL Essig, 4 EL Öl*
- *Pfeffer, Salz*
- *1 gestr. TL Senf*
- *400 g Shrimps*
- *1 Bund Schnittlauch*

Spargel schälen und in 10–12 Min. bissfest kochen. Aus Essig, Öl, Gewürzen und Senf eine Vinaigrette rühren, 2 EL Spargelwasser angießen.
Warmen Spargel auf 4 Teller verteilen, mit Vinaigrette begießen, Shrimps darauf setzen und mit Schnittlauchröllchen bestreuen.

Spargelcremesuppe

- *Schalen und Enden von 1–2 kg weißem Spargel*
- *1 l Spargelkochwasser*
- *250 g weiße Spargelspitzen*
- *½ TL Curry*
- *150 ml süße Sahne*
- *1 Eigelb*
- *1 Zitrone*
- *Pfeffer, Salz*

Spargelschalen und -enden waschen, im Spargelwasser 45 Min. auskochen, abseihen. Spargelspitzen putzen und 10–12 Min. mit Curry darin garen.

Sahne und Ei verquirlen, in die Suppe einrühren, nicht mehr kochen! Mit Zitronensaft und Gewürzen abschmecken.

Badischer Spargel im Omelett

- *1,5 kg weißer Spargel*
- *8 Eier*
- *4 EL Milch*
- *Pfeffer, Salz*
- *60 g Butterschmalz*

Spargel schälen und in Salzwasser kochen. Eier und Milch verquirlen, würzen.

1 EL Butterschmalz in einer kleinen Stielpfanne erhitzen. Nacheinander 4 Omelette ausbacken, dazwischen immer wieder etwas Butterschmalz in die Pfanne geben. Omelette werden nur von einer Seite gebacken und müssen oben glänzen!

Spargelstangen gut abtropfen und auf den Omelettes verteilen, je zur Hälfte einschlagen. Dazu schmecken Petersilienkartoffeln.

Überbackener Spargel

- *1 kg weißer Spargel*
- *2 Eier*
- *150 ml süße Sahne*
- *100 g Roquefort*
- *Pfeffer*
- *8 Scheiben gekochter Schinken*
- *Butter*

Spargel schälen und in 10–12 Min. nicht ganz weich kochen.

Eier trennen, Eiweiß steif schlagen. Eigelb mit Sahne und zerbröckeltem Käse glatt rühren, pfeffern. Eiweiß unterheben.

Jeweils mehrere Spargelstangen in 1 Schinkenscheibe einschlagen, nebeneinander in eine eingefettete, feuerfeste Form legen. Käse-Sahne-Mischung darauf verteilen und bei 220 °C Oberhitze hellbraun überbacken.

Hühnerfrikassee mit Spargel

- *2 Hühnerbrüste mit Knochen*
- *500 ml Hühnerbouillon*
- *Pfeffer, Salz*
- *1 Zitrone*
- *500 g weißer Spargel*
- *1 Stange Porree*
- *2 Karotten*
- *125 ml süße Sahne*
- *1 Eigelb*

Hühnerbrüste in Bouillon 30 Min. kochen, vom Knochen lösen und klein schneiden. Bouillon würzen, mit Zitronensaft abschmecken und bei hoher Hitze auf die Hälfte reduzieren.

Spargel schälen, in 5 cm lange Stücke schneiden und separat weich kochen.

Hellen Porreeteil und Karotten putzen, in streichholzgroße Julienne-Streifen schneiden. Mit dem Fleisch in der Bouillon 5 Min. ziehen lassen.

Sahne und Eigelb verschlagen, in das Frikassee einrühren, nicht mehr kochen. Spargel dazugeben.

Zum Hühnerfrikassee reichen Sie traditionell Reis, oder Sie füllen es in Blätterteigpasteten.

Spaghetti mit Spargelspitzen

- *400 g Spaghetti*
- *Salz, 1 EL Öl*
- *500 g Spargelspitzen*
- *40 g Butter*
- *weißer Pfeffer*
- *1 Bund Blattpetersilie*
- *50 g Parmesan*

Spaghetti in sprudelndem Salzwasser mit Öl in 10 Min. bissfest kochen.

Spargelspitzen putzen und separat 10–12 Min. kochen.

Butter in dünne Scheiben schneiden, unter die abgetropften Spaghetti heben und pfeffern. Mit dem Spargel in einer heißen Schüssel mischen und abgezupfte Petersilienblätter darüber streuen.

Separat frisch geriebenen Parmesan reichen.

Spinat

Vitamin A und C, Folsäure, Kalium, Kalzium, Magnesium, Eisen, Ballaststoffe

Grüne Blättchen und zarte Stiele: Der erste Spinat im Jahr ist der beste. Frühlingsspinat stammt aus der gleichen Saat wie der härtere Winterspinat ab September, doch er schmeckt feiner und macht kaum Arbeit. Tipp: Spinat wiegt wenig. Die riesigen Mengen, die Marktfrauen einpacken, fallen im Topf in Sekunden zusammen. Rechnen Sie 1 kg für 4 Gemüseportionen.

Spinatgeschichte

Das alte Persien und die arabische Halbinsel sind seine Heimat. Im Laufe des Mittelalters eroberte Spinat über Spanien europäische Klostergärten, denn die Kirche empfahl das Gemüse an Fastentagen. Das Fastenmenü des Kardinals von Bologna sah 1536 unter acht Fischgängen und zwei Desserts z. B. eine Aaltorte mit Spinat vor. Die Kirchenherren fasteten üppig.

Spinat einkaufen und zubereiten

Frischesignal	im Frühling hellgrüne, zarte Blätter; im Winter feste, dunkelgrüne; keine gelbliche Verfärbung
Lagerung	max. 1 Tag, dunkel, kühl
Verarbeitung	gründlich verlesen, nicht lange wässern, Stiele abschneiden, Frühlingsspinat roh, sonst kurz garen, kalt abschrecken; plus Fett zur Vitamin-A-Aufahme
Vorsicht	nicht aufwärmen, sonst wird aus Nitrat giftiges Nitrit; Stiele und dicke Blattrippen nicht essen; Spinat für Kinder und Nierenkranke blanchieren, spülen, weitergaren; bei Neigung zu Nierensteinbildung wegen Oxalsäure verzichten

Gesund mit Genuss

Spinat enthält Antioxidantien, die die freien Radikale bekämpfen. Regelmäßiger Verzehr stärkt die Zellen und schützt vor Hautalterung sowie Krebs.

Das Gemüse aktiviert die Verdauung und sogar die Produktion der Blutkörperchen. Vitamin C beugt Infektionen vor. Damit stärkt Spinat das Immunsystem, was besonders bei Kindern wichtig ist.

Das im Spinat enthaltene Nitrat überdüngter Böden lässt sich neutralisieren: Vitamin C. Bereiten Sie grüne Blattgemüse und Salate mit Zitronensaft zu. Zweck der Nitratdüngung ist übrigens eine vermehrte Wasseraufnahme der Pflanzen. So werden sie größer und schwerer; der Händler verdient mehr!

Spinat-Käse-Taschen

- *500 g Spinat*
- *1 Zitrone*
- *1 Bund Minze*
- *200 g Schafskäse*
- *16 Filoteigblätter (Ersatz: Blätterteig)*
- *weiche Butter*

Spinat putzen, waschen, im Topf auf hoher Flamme 2 Min. zusammenfallen lassen, ausdrücken. Mit Zitronensaft beträufeln, abgezupfte Minze und zerbröckelten Käse untermischen.

2 Teigblätter ausbreiten, die übrigen mit feuchtem Tuch abdecken. Ein Blatt mit wenig Butter bestreichen und mit 2 EL Spinat-Käse belegen. Zweites Blatt darüber breiten, Ränder fest aufeinander drücken. Teigtaschen mit Butter bestreichen und im vorgeheizten Backofen bei 180 °C 12–15 Min. backen. Wer Filoteigblätter im griechischen Lebensmittelladen nicht erhält, rollt Blätterteig dünn aus.

Spinat-Linsen-Suppe

- *200 g rote Linsen*
- *1 Zwiebel*
- *1 EL Öl*
- *1 l Gemüsebouillon*
- *Pfeffer, Salz, Kümmel*
- *500 g Spinat*
- *1 Zitrone*

Linsen waschen. Zwiebel schälen, grob würfeln und im Öl anbraten. Linsen zugeben und mit 500 ml Gemüsebouillon ablöschen. Kräftig würzen und in 20 Min. weich köcheln.

Spinat verlesen, waschen und unter die Linsen rühren. Restliche Bouillon angießen, 2 Min. köcheln lassen, mit Zitronensaft abschmecken. Wer keine roten Linsen bekommt, nimmt braune: mind. 6 Std. einweichen und 40 Min. länger garen.

Gemüselasagne

- *750 g Spinat*
- *400 g Lasagnescheiben (nicht vorgekocht)*
- *Salz, Olivenöl*
- *2 Knoblauchzehen*
- *Pfeffer*
- *200 ml süße Sahne*
- *Butter*
- *80 g Parmesan*

Spinat waschen und verlesen. Lasagnescheiben in reichlich Salzwasser mit 1 EL Öl 10 Min. bissfest kochen. Knoblauch schälen und in dünne Scheiben schneiden, in 1 EL Öl anbraten, Spinat zugeben und sofort vom Herd nehmen. Pfeffern und Sahne einrühren.

Abwechselnd Lasagneblätter und Spinatsahne in eine eingefettete, feuerfeste Form schichten, erste und letzte Schicht sind Nudeln. Butterflöckchen aufsetzen und mit frisch geriebenem Käse bestreuen. Im vorgeheizten Backofen auf mittlerer Schiene bei 200 °C in 20 Min. goldbraun backen.

Spinatklößchen

- *1 kleine Zwiebel*
- *1 TL Öl*
- *500 g Spinat*
- *150 g Quark*
- *2 Eier*
- *200 g Weizenmehl*
- *Pfeffer, Salz, Muskat*

Zwiebel schälen und fein würfeln; in einem großen Topf im Öl glasig anbraten. Spinat waschen und verlesen, 1 Min. unter Rühren darin zusammenfallen und abkühlen lassen. Spinat gut ausdrücken.

Quark glatt rühren, Spinat, Eier und Mehl unterkneten, würzen. Mit kalten Teelöffeln Klößchen abstechen. In siedendem Salzwasser ziehen lassen, bis sie nach 5–8 Min. an die Oberfläche steigen.

Frisch geriebenen Käse oder in Butter angebräunte Semmelbrösel auf die Klößchen geben.

Grüner Spinat-Topf

- *500 g Spinat*
- *1 Bund Frühlingszwiebeln*
- *500 g grüner Spargel*
- *4 mehlig kochende Kartoffeln*
- *1 EL Öl*
- *0,1 g Safranfäden*
- *Pfeffer, Salz, Zitronensaft*
- *150 ml Joghurtcreme*

Spinat waschen und verlesen. Frühlingszwiebeln putzen, weiße Zwiebelköpfchen abschneiden. Spargel im unteren Drittel schälen und mit Zwiebelgrün in 4 cm lange Stücke schneiden. Kartoffeln schälen und grob würfeln.

Weiße Zwiebeln und Kartoffeln im Öl braun braten, mit 2–3 EL warmem Wasser ablöschen, Safran darin auflösen und würzen. Spargel zugeben und 10–12 Min. weich garen. Spinat und Zwiebelgrün als letztes unterrühren, zusammenfallen lassen, vom Herd ziehen. Joghurt einrühren und sofort servieren.

Gefüllte Schollenfilets

- *8 Schollenfilets*
- *2 Zitronen*
- *300 g Blattspinat*
- *2 Schalotten*
- *Öl*
- *4 Tomaten*
- *Pfeffer, Salz*

Fisch waschen und mit Zitronensaft beträufeln. Spinat verlesen, waschen, im heißen Topf zusammenfallen lassen und in Eiswasser abschrecken. So bleibt er leuchtend grün.

Schalotten fein würfeln, im Öl andünsten, abgezogene Tomaten dazugeben, 5 Min. köcheln und dann pürieren, schwach würzen.

Auf jedes Schollenfilet 1 EL Spinat legen, vorsichtig zusammenrollen, mit Küchengarn halten. Röllchen auf die Tomatensauce setzen und zugedeckt bei mittlerer Hitze 10 Min. im Backofen garen.

Zuckerschoten

Vitamin B_1, C und E, Eisen, Kalium, Magnesium

Das knackige und zugleich zarte Frühlingsgemüse heißt unter Kennern Zuckererbsen oder Kaiserschoten. Sie schmecken süßlich, da sie tatsächlich viel Zucker enthalten. Ihr französischer Name »Mangetout« verrät, dass man bei diesen Erbsschoten alles isst: winzige Erbsen plus Schoten. Im Gegensatz zu den größeren Markerbsschoten (s. S. 50) enthalten sie noch keine pergamentharte Innenschicht. Greifen Sie zu, denn die Saison ist kurz: Mai, Juni.

Zuckerschoten einkaufen und zubereiten

Frischesignal	leuchtend grün, prall, saftige Schnittstellen
Lagerung	1–2 Tage kühl in Papier
Verarbeitung	Blütenansatz abschneiden, blanchieren oder in wenig Flüssigkeit 5 Min. garen; in Eiswasser abschrecken, um Farbe zu erhalten
Vorsicht	Eigengeschmack nicht übertönen

Warmer Schotensalat

- *400 g Zuckerschoten*
- *2 Grapefruits*
- *4 Frühlingszwiebeln*
- *1 Bund Schnittlauch*
- *2 EL Essig, 4 EL Öl*
- *1 TL milder Senf*
- *Pfeffer, Salz*

Zuckerschoten waschen, putzen, halbieren und in kochendem Wasser 2 Min. blanchieren. Grapefruits schälen, weiße Häute entfernen und mit scharfem Küchenmesser filetieren. Frühlingszwiebeln putzen und wie Schnittlauch in schmale Ringe schneiden.
Aus den übrigen Zutaten eine Vinaigrette bereiten. Gemüse und Obst mischen, Vinaigrette darüber gießen, mit Schnittlauchröllchen bestreuen.

Rot-weiß-grüner Salat

- *300 g Zuckerschoten*
- *12 Cocktailtomaten*
- *125 g Büffelmozzarella*
- *2 EL Essig, 4 EL Olivenöl*
- *Pfeffer, Salz*
- *1 Bund Basilikum*

Zuckerschoten putzen und 2 Min. in kochendem Wasser blanchieren, kalt abbrausen. Tomaten waschen, halbieren, Stielansatz herausschneiden. Mozzarella in dünne Scheiben schneiden.
Aus Essig, Öl und Gewürzen eine Vinaigrette rühren. Gemüse und Käse abwechselnd auf einer Platte ausbreiten, mit Vinaigrette begießen. Gewaschene Basilikumblätter darüber streuen.

Zuckerschoten mit Paprikacreme

- *500 g Zuckerschoten*
- *20 g Butter*
- *2 geh. EL Zucker*

Schoten putzen, in Butter 3 Min. anbraten, Zucker zugeben und 2 Min. unter Rühren Zucker auflösen.

- *3 rote Paprika*
- *1 Zwiebel*
- *1 EL Öl*
- *150 ml naturtrüber Apfelsaft*
- *Pfeffer, Salz, Anis*

Paprika häuten (s. S. 62) und in Streifen schneiden. Zwiebel schälen und fein würfeln; in Öl glasig dünsten. Paprika 2 Min. mitanbraten, mit Apfelsaft ablöschen und 2 Min. köcheln. Pürieren und abschmecken.

Glasierte Schoten auf einer flachen Platte anrichten, Paprikacreme in die Mitte setzen.

Chinesische Schotenpfanne

- *250 g Zuckerschoten*
- *250 g grüner Spargel*
- *100 g Glasnudeln*
- *1 EL Öl*
- *50 g Sojabohnensprossen*
- *1 cm Ingwer*
- *1 TL Sojasauce*

Gemüse putzen. Spargel in 5 cm lange Stücke schneiden und 5 Min. vorkochen. Glasnudeln mit kochendem Wasser übergießen, 10 Min. stehen lassen. Ingwer schälen und fein reiben.

Zuckerschoten und Spargel 5 Min. unter Rühren im Öl anbraten. Glasnudeln und gewaschene Sprossen zugeben, mit Ingwer und Sojasauce würzen. Noch 2 Min. unter stetem Rühren auf dem Herd lassen.

Frühlingsfrüchte

Vitaminstarke Frühlingsboten treten in Rot-Grün an: Rhabarber und Erdbeeren. Sie bestimmen zwischen Ende April und Ende Juni die Farbpalette der Obststände. Erdbeeren sind von keinem Markt fortzudenken; sie werden seit dem 16. Jahrhundert angepflanzt. Greifen Sie bei kleineren, aromatischen Früchten und den raren Walderdbeeren zu! Florika ist eine leckere Kreuzung. Die weit verbreitete Fragaria ananassa wurde schon zu Zeiten Ludwigs XV. in Frankreich angebaut. Erdbeeren enthalten wie Rhabarber viel Vitamin A und C. Die rot-grünen Stangen stammen ursprünglich aus China. Marco Polo war fasziniert vom Rhabarber, den chinesische Ärzte zur Darmaktivierung nutzten.

Gesund mit Genuss

Erdbeeren enthalten wie Rhabarber kaum Kalorien und eignen sich pur ideal zur Frühlingsdiät. Die vitaminreichen Beeren stärken das Immunsystem. Probieren Sie statt Zucker einmal grob zerstoßenen, grünen Pfeffer auf den Früchten.

Rhabarber – eigentlich kein Obst, sondern eine Knöterichstaude – putzt dank Apfelsäure den Darm. Die Stangen sind unverzichtbarer Bestandteil entschlackender Kuren. Wer die Säure nicht verträgt, macht ihn mit Quark oder süßer Sahne an.

Frühlingsfrüchte einkaufen und zubereiten

	ERDBEEREN
Frischesignal	fest, keine weichen Stellen, grüne Blätter
Lagerung	1 Tag im Kühlschrank; einmal gepflückt reifen sie nicht nach
Verarbeitung	erst waschen, dann Blattansatz ausschneiden; roh, Torten, Marmelade, Milchdrink, Bowle
Vorsicht	je größer die Frucht, umso höher der Wassergehalt, umso geringer der Geschmack; Allergien möglich
	RHABARBER
Frischesignal	feste Stangen, dicke Häute
Lagerung	1–3 Tage im Gemüsefach des Kühlschranks, nicht in Plastik
Verarbeitung	Haut abziehen, Spitze und Wurzelende abschneiden; roh oder in wenig Wasser garen; nicht in Aluminiumtöpfen
Vorsicht	Blätter giftig; bei Nieren- oder Gallensteinen wegen Oxalsäure verzichten; nach dem 24.6. geerntet, enthält Rhabarber zu viel giftige Oxalsäure und zu viel abführendes Anthrachinon

Erdbeer-Karotten-Marmelade

- *700 g Erdbeeren*
- *300 g Karotten*
- *500 g Gelierzucker Extra (2:1)*
- *½ TL gemahlener Anis*

Erdbeeren pürieren, Karotten schaben und fein reiben. Mit Zucker und Anis erhitzen, 5 Min. kochen. Schaum abschöpfen; er schmeckt köstlich auf gebuttertem Weißbrot. Marmelade in heiß ausgespülte Gläser mit Drehverschluss füllen und sofort verschließen.

Frittierte Erdbeeren

- *1 kg Erdbeeren*
- *8 geh. EL Weizenmehl*
- *4 geh. EL Kartoffelmehl*
- *2 Msp. Backpulver*
- *Mineralwasser*
- *500 g hoch erhitzbares Pflanzenfett*
- *Puderzucker*

Erdbeeren mit Stilansätzen waschen. Mehl, Backpulver mit Mineralwasser zu einem nicht zu dünnflüssigen Teig glatt rühren.

Feuchte Erdbeeren am Grün festhalten, in Mehl wenden und in Teig tauchen. 2–3 Min. im heißen Fett goldgelb frittieren. Mit Puderzucker bestreuen und heiß servieren. Dazu passt Vanilleeis.

Rhabarbertarte

- *100 g kalte Butter*
- *200 g Weizenmehl*
- *1 Ei*
- *50 g Puderzucker*

Butter in kleine Stückchen teilen, mit Mehl, Ei und Puderzucker verkneten. Teig im Kühlschrank 30 Min. ruhen lassen. Backofen vorheizen. Teig zwischen Klarsichtfolie ausrollen, über eine Tarteform legen und festdrücken. Boden mit einer Gabel gleichmäßig einstechen.

- *2–3 Stangen Rhabarber*
- *15 g Butter*
- *100 g Zucker*
- *1 Orange*

Rhabarber waschen und schräg in 3 mm dünne Scheiben schneiden. Fächerförmig auf den Teig legen. Butterflöckchen aufsetzen und bei 220 °C auf der mittleren Schiene 20 Min. backen.

Zucker erhitzen und anbräunen, Saft der Orange angießen, einköcheln. Tarte mit Zuckersaft begießen, 5–8 Min. bei 250 °C backen.

Rhabarbereis

- *500 g Rhabarber*
- *150 g Zucker*
- *100 ml Weißwein*
- *2 Eiweiße*
- *200 ml süße Sahne*

Rhabarber putzen, mit 100 g Zucker und Wein weich kochen, pürieren und abkühlen. Eiweiß mit restlichem Zucker schaumig schlagen. Süße Sahne steif schlagen, Eiweiß unterheben.

Rhabarbermus in die Masse rühren und ins Tiefkühlfach stellen: 3–4 Std.

Leichte Genüsse

im Sommer

21. Juni – Sommersonnenwende – Sommeranfang

Fahren Sie im Sommer mit dem Rad zum Markt. Packen Sie den Korb randvoll mit frischem Gemüse und Obst aus Ihrer Region. Oder nehmen Sie bei schönem Wetter Ihre Kinder mit. Auf dem Sommermarkt gibt es für alle etwas zu entdecken. Hier lernen die Kleinen früh, vitaminreich und gesund auszuwählen. So ein Marktbummel mit der ganzen Familie wirkt wie ein kleiner Urlaub. Und treffen sich zwei Freundinnen zum Einkauf, können sie unter einem Marktschirm gleich Rezepte austauschen. Auberginen mit Mozzarella, Gemüse-Quiche, hausgemachte Blumenkohl-Pickles, Kräuterfisch in Zitronensauce ... Am besten probieren Sie die neuen Ideen bei einem Picknick oder Grillfest.

Die Sommerküche ist eine bunte Gemüse- und Salatküche. Auf dem Markt sehen Sie das Angebot nicht nur, Sie riechen es: Strauchtomaten duften intensiv. Ein Berg frischer Karotten riecht süßlich. Kisten voll Bohnen mit Bohnenkraut verströmen appetitanregenden Duft. Rote und grüne Paprika, frischer Knoblauch erinnern an den letzten Urlaub am Mittelmeer. Die Gerüche und Farbenpracht inspirieren Hausfrauen und Hobbyköche. Ab Juni binden die Marktfrauen die Kräuterbunde so üppig, dass alle gern zugreifen. Da heißt es verschwenderisch würzen. Wer die Gemüsepalette ergänzen will, greift am gesündesten zu fangfrischem Fisch: Renke, Saibling, Zander, Äsche, Barsch, Bach- oder Regenbogenforelle heißen die Sommerstars am Fischstand.

Soll in den heißen Monaten Fleisch auf den Tisch, sind magere Stücke gefragt. Nehmen Sie einen Gockel, der freilaufend mit Körnern großgezogen ist. Bauernmärkte halten sie bereit. Diese Tiere sind geschmacklich mit keinem Fabrikzögling vergleichbar: Ihr Fleisch ist fester, saftiger, geschmacksintensiver.

Auch das Obstangebot lässt zwischen Juni und September keine Wünsche offen: Himbeeren verströmen ihr verführerisches Aroma, und die Entscheidung »sofort vernaschen oder einkochen« fällt schwer. Die frischen Beeren erinnern an altbewährte Rezepte für Konfitüren, Gelees, Torten. Sie schmecken viel zu lecker, um nur roh genossen zu werden.

Die Sommerparty

Grillen unter freiem Himmel

Feiern Sie den Sommer, wenn die Sonne ihren nördlichsten Stand am Himmel erreicht hat und wieder gen Süden zieht. Jetzt sind die Abende lau, die Nächte länger – die Gelegenheit für ein Fest im Freien.
Unsere germanischen Vorfahren feierten die Sommersonnenwende am 21. Juni: Feuer wurden entfacht, brennende Wagenräder die Bergwiesen heruntergerollt. Die katholische Kirche verbot dieses Sonnenfest, doch blieben die Riten auf dem Land erhalten und leben noch heute am Johannistag (24. Juni) zu Ehren Johannis des Täufers wieder auf.
Ob Picknick auf der Wiese oder Garten- bzw. Balkonparty: Marktfrische Salate, Fisch und Gemüse vom Grill, danach eine Beerentarte sind ein Muss bei jedem Sommerfest! Die Einkaufsmenge richtet sich nach der Zahl Ihrer Gäste.
Eine Vorspeise soll im Freien unkompliziert und leicht vorzubereiten sein: Brokkoli- und Blumenkohlsalat, Gurkensalat mit Joghurtdressing, grüne Blattsalate mit Kräutern und Käse oder Karotten-Apfel-Rohkost. Auch eine italienische Vorspeisenplatte (s. S. 36) lässt sich problemlos mitnehmen.
Tipp: Grillen Sie Fisch nie direkt über der Glut, dabei vernichten Sie fast das gesamte Vitamin D. Legen Sie die Fische einzeln in eine Folie, in der sie im eigenen Saft schonend schmoren.

Fisch und Gemüse vom Grill

- *küchenfertige Fische (Renken, Bach- oder Regenbogenforellen, kleine Lachsforellen, Saibling)*
- *Shrimps und Langostinos in der Schale*
- *Pfeffer, Salz*
- *Sauerampfer (Ersatz: Blattpetersilie, Estragon)*
- *Öl, Zitronen*
- *Butter*
- *Weißwein*

Fische waschen, würzen, mit geputztem Sauerampfer füllen und wie die Schalentiere in Öl mit Zitronensaft mind. 2 Std. marinieren. So vorbereitet lassen sie sich in einer Schale überallhin mitnehmen.
Fische mit Butterflöckchen und einem Schuss Weißwein einzeln in Grillfolie packen. Auf einem Elektrogrill oder über der weißlichen Glut – nicht über hellrot brennenden Holzkohlen – je nach Größe 15–40 Min. grillen. Shrimps und Langostinos direkt auf den Rost legen.

Zitronen halbieren oder in Scheiben geschnitten zum Fisch legen. Dazu schmecken selbst gerührte Aioli oder ein Kräuter-Joghurt-Dip und Landbrot.

- *rote, grüne und gelbe Paprika*
- *feste, kleine Tomaten*
- *kleine Kartoffeln*

Geviertelte Paprika und ganze Tomaten ölen; am Rand des Rosts mitgrillen (5–10 Min.). Ungeschälte, gewaschene Kartoffeln in Alufolie direkt in der Glut garen (30–50 Min.).

Tarte mit gemischten Beeren

- *100 g kalte Butter*
- *200 g Weizenmehl*
- *1 Ei*
- *50 g Puderzucker*
- *Butter*

Butter in kleine Stückchen teilen, mit Mehl, Ei und Puderzucker verkneten. Teig im Kühlschrank 30 Min. ruhen lassen. Backofen vorheizen. Teig zwischen Klarsichtfolie ausrollen, über eine eingefettete Tarteform legen und festdrücken. Boden mit einer Gabel gleichmäßig einstechen.

- *200 g Johannisbeeren*
- *200 g Brombeeren*
- *200 g Himbeeren*
- *100 g Zucker*
- *1 Orange*
- *2 geh. EL Mandelblättchen*

Johannisbeeren abziehen und waschen, Brombeeren ebenso. Je ein Drittel des Teigs mit einer Obstsorte reichlich belegen. Bei 220 °C auf der mittleren Schiene 20 Min. backen.

Zucker erhitzen und anbräunen, Saft der Orange angießen, einköcheln. Tarte mit Zuckersaft begießen, 5–8 Min. bei 250 °C fertig backen. Rand 3 cm breit mit Mandelblättchen bestreuen und andrücken. Abkühlen. Für den Transport in der Form lassen.

Am Abend schmeckt eine fruchtige Gurkenbowle zum Festausklang: 4–6 ungespritzte Einlegegurken heiß abwaschen, hauchdünn hobeln oder mit einem Rettichschneider in Spiralen teilen. Eine Flasche trockenen Weißwein angießen. Mit 2 Msp. Zimt und 2 Nelken würzen und 1 Std. kühl stellen. Nelken herausfischen. Je 1 Flasche Weißwein und Sekt angießen. Die Kinderversion gelingt mit selbst gemachter Zitronenlimonade.

Auberginen

Vitamin A, Kalium, Bitterstoffe

Sie ist eine der sinnlichsten Früchte, die der Sommermarkt bietet: prall, glänzend, in dunkles Violett gehüllt. Auberginen sind ein extravagantes Gemüse, dessen Schöheit nicht zerkocht werden darf! Schälen Sie frische Früchte nie; in der Schale stecken die Vitamine. Die Pflanze benötigt Wärme und gedeiht am besten in den Mittelmeerländern. Einheimische Früchte bietet der Markt im Spätsommer. Die beliebtesten Rezepte stammen aus Italien, Griechenland und der Türkei.

Auberginen-geschichte

Das Nachtschattengewächs Aubergine hatte es nach seinem Import aus Indien schwer, sich in der hiesigen Küche durchzusetzen. Die Früchte galten zu Unrecht als giftig wie ihre Verwandten: Tollkirsche und Stechapfel. So wurden Auberginenpflanzen zunächst als Zierde gepflanzt; die ursprünglichen Früchte waren hell und klein. Das erklärt ihren Namen »Eierfrucht«. Gelegentlich bieten Händler aus Asien importierte, runde, weiße oder weißlich-violette Auberginen an. Sie schmecken herb.

Auberginen einkaufen und zubereiten

Frischesignal	grüner Stielansatz, pralle, glänzende Haut, geben auf Druck nach, trockenes Fruchtfleisch, helle Minikerne
Lagerung	2–4 Tage separat, nicht im Kühlschrank
Verarbeitung	Bitterstoffe herausziehen: einsalzen, 30 Min. stehen lassen, abtupfen; Zitronensaft verhindert Verfärbung des Fruchtfleischs; kochen oder braten; eingeölt grillen
Vorsicht	unreife Früchte enthalten giftiges Solanin, das Übelkeit verursacht; die Früchte saugen Fett auf

Gesund mit Genuss

Auberginen sind kalorienarm und werden bei Leber- oder Magen-Darm-Beschwerden empfohlen. Ihre Bitterstoffe helfen der Leber beim Stoffwechsel. Bereiten Sie Auberginen stets fettarm zu, sonst belasten sie.

Auberginen mit Mozzarella

- *2 Auberginen*
- *Pfeffer, Salz*
- *1 Bund Basilikum*
- *250 g Büffelmozzarella*

Auberginen quer in 5 mm dünne Scheiben schneiden, im Backofen bei Oberhitze von beiden Seiten 10 Min. grillen. Anschließend würzen, mit Basilikumblättern und mit je 1 dünnen Scheibe Mozzarella überbacken.

Büffelmozzarrella erhalten Sie offen am Käsestand; er ist etwas teurer, aber auch zarter und aromatischer als die Kuhmilchvariante.

Auberginen in Sesamhülle

- *2 Auberginen*
- *4 geh. EL Semmelbrösel*
- *4 geh. EL Sesam*
- *3 Eier*
- *Pfeffer, Salz*
- *100 g hoch erhitzbares Pflanzenfett*

Auberginen waschen, Stielansatz entfernen und quer in 5 mm dicke Scheiben zerschneiden. Salzen und 30 Min. ziehen lassen, abtupfen. Semmelbrösel und Sesam mischen. Eier verquirlen und würzen. Auberginenscheiben erst in Ei, dann in der Sesammischung wenden und im heißen Fett ausbraten, bis sie goldbraun sind. Auf Küchenkrepp abtropfen.

Auberginenpüree

- *2 Auberginen*
- *2–4 Knoblauchzehen*
- *Pfeffer, Salz*
- *1–2 EL Olivenöl*
- *1 Zitrone*
- *1 Bund Minze*

Auberginen halbieren, Fruchtfleisch über Kreuz mehrmals tief einritzen. Im Backofen 40 Min. bei 200 °C backen. Fruchtfleisch herauslöffeln und pürieren. Knoblauchzehen zerdrücken, mit Gewürzen, Öl, Zitronensaft und gehackten Kräutern unterrühren.

Dazu schmecken Fladenbrot und eingelegter Schafskäse.

Auberginensoufflé

- *4 kleine Auberginen*
- *3 Eier*
- *Pfeffer, Salz, Anis*

Auberginen waschen, Stängelansatz abschneiden, halbieren und Fruchtfleisch mehrmals über Kreuz einschneiden. 40 Min. im Backofen bei 200 °C backen. Eier trennen.

Auberginen aushöhlen, pürieren und mit Eigelb mischen. Kräftig würzen.

Eiweiß steif schlagen und vorsichtig unterheben. Auberginen mit der Masse nicht ganz ausfüllen – sie geht auf. Bei 180 °C 20 Min. backen.

Tipp: Zugluft beim Öffnen der Backofentür vermeiden.

Italienische Gemüsevorspeise

- *1 Aubergine*
- *2 Köpfe Radicchio*
- *2 gelbe Paprika*
- *200 g Champignons*
- *6 EL Olivenöl*
- *2 Zitronen*
- *2 Knoblauchzehen*
- *Pfeffer, Salz*
- *1 TL getr. Oregano*

Gemüse putzen, Aubergine in 2–3 mm dünne Scheibchen schneiden. Radicchio putzen und vierteln. Paprika vierteln, Kerne und Häute entfernen. Champignons putzen und halbieren.

Öl mit Zitronensaft, zerpresstem Knoblauch und Gewürzen mischen, Gemüse einpinseln und im Backofen bei Oberhitze 15–20 Min. grillen, mehrfach wenden und einölen.

Italiener lieben helles, grobes Landbrot und Grissinis dazu.

Ratatouille

- *1 Aubergine*
- *2 kleine Zucchini*
- *2 rote Paprika*
- *2 Zwiebeln*
- *3 Tomaten*
- *2 EL Olivenöl*
- *Pfeffer, Salz*
- *2 Lorbeerblätter*
- *2 Stängel Thymian*

Gemüse putzen. Tomaten häuten und alles grob würfeln. Gemüse – außer Tomaten – im Öl anbraten, würzen. Mit Tomaten, Lorbeer und abgezupften Thymianblättern zugedeckt 30–40 Min. köcheln.

Mit Reis wird Ratatouille zum Hauptgericht; sie schmeckt an einem warmen Sommerabend auch lauwarm auf geröstetem Brot.

Auberginen-auflauf

- *2 große Auberginen*
- *4 Kartoffeln*
- *2 Tomaten*
- *150 g schwarze, entkernte Oliven*
- *Öl*
- *Cayennepfeffer*
- *200 g Leerdammer*

Auberginen in 3 mm dicke Scheiben schneiden, 20 Min. im Backofen ausgebreitet bei 160 °C backen, mehrfach wenden.

Pellkartoffeln kochen, schälen und dünn aufschneiden. Tomaten häuten und mit den Oliven in Scheiben schneiden.

Feuerfeste Form einölen, abwechselnd Kartoffel-, Auberginen-, Tomaten- und Olivenscheiben einlegen, würzen, mit Auberginen abschließen. Käse darüber reiben. Im vorgeheizten Backofen bei 220 °C goldbraun überbacken.

Auberginen mit Lamm

- *1 große Aubergine*
- *4–6 Schalotten*
- *600 g ausgelöstes Lammfleisch (Schulter)*
- *2 EL Olivenöl*
- *¼ TL Kümmel*
- *1 Zweig Rosmarin*
- *Paprika, Salz*
- *125 ml Gemüsebouillon*
- *1 geh. EL Tomatenmark*

Aubergine waschen, putzen und würfeln. Schalotten schälen und vierteln. Lammfleisch würfeln.

Schalotten und Fleisch im Öl braun anbraten. Würzen und Auberginenstücke zufügen. Mit Bouillon ablöschen und 30–40 Min. abgedeckt garen. Mit Tomatenmark binden.

Dazu passt Reis.

Blattsalate und Kräuter

Provitamin A und C, Folsäure, Kalium, Ballaststoffe

Wenn die Sommerhitze Salatköpfe sprießen lässt, quellen die Märkte über. Kopfsalat erhält Konkurrenz: Batavia, Lollo Rosso, Eichblatt, Löwenzahn und Sauerampfer schillern grün, braun bis rot. Die dunkleren Sorten liefern einen kräftigen Geschmack. Der rote Radicchio, Rucola – zu Deutsch Rauke – und Eissalat sind härter und enthalten mehr Bitterstoffe. Sie helfen der Leber beim Stoffwechsel.

Frische Kräuter versorgen mit Vitaminen, Mineralien. Sie duften appetitanregend. Streuen Sie die aromatischen Blättchen auf Salate und Suppen. Ein berühmtes Kräutergericht ist die »Frankfurter Sauce«. Sieben Sorten sind ein Muss: Borretsch, Estragon, Kerbel, Petersilie, Pimpernell, Sauerampfer, Zitonenmelisse. Sie werden in Mayonnaise gerührt; eine leichtere Version gelingt mit Joghurtcreme.

Salatgeschichte

Der griechische Arzt Galen schrieb im 2. Jahrhundert begeistert von der beruhigenden und einschläfernden Wirkung der Blattsalate. Tatsächlich enthalten die grünen Köpfe natürliche Beruhigungsstoffe, die fettlöslich sind. Machen Sie – besonders abends – Salat stets mit Öl oder süßer Sahne an.

Gesund mit Genuss

In den Sommermonaten gilt: einmal täglich! Die äußeren Blätter der Salatköpfe liefern mehr Vitamin B_2 als die helleren Innenblätter. Es schenkt

Blattsalate einkaufen und zubereiten

Frischesignal	fester Kopf, helle, feuchte Schnittstelle; dunklere Blätter und große Köpfe deuten auf Freilandware
Lagerung	1 Tag in feuchtes Tuch gewickelt im Gemüsefach des Kühlschranks
Verarbeitung	nur eingerissene oder welke Blätter wegwerfen, Strunk herausschneiden, Blätter trennen; gründlich, aber schnell waschen; unmittelbar vor dem Servieren anmachen; plus Fett
Vorsicht	in den Herzblättern und Blattrippen kann Nitrat aus Düngemitteln gespeichert sein – besonders bei kleineren Treibhausköpfen

Energie und schützt die Haut. Wer fett speist, raucht, regelmäßig Alkohol trinkt oder die Antibabypille nimmt, braucht mehr Vitamin B_2!
Die Kräuterweiblein des Mittelalters spielten mit dem Scheiterhaufen, wenn bekannt wurde, dass sie sich auf das Heilen mit den grünen Blättern verstanden. Heute liegen wirksame Kräuter getrocknet in den Apotheken als lindernde Tees.

Kräuteressig und -öl selbst herstellen

1 Bund frische Kräuter (Estragon, Minze oder Basilikum), 500 ml Weißweinessig bzw. kaltgepresstes Pflanzenöl: Kräuter waschen, trockenschütteln, Blätter von den Zweigen zupfen. In Flaschen oder Gläser füllen, Essig bzw. Öl darüber gießen und verschließen. Wer mag, gibt 1 getr. Chilischote oder 3–5 geschälte, blanchierte Knoblauchzehen dazu. Nach 2 Wochen durch einen Papierfilter gießen und abfüllen.

Basilikum einlegen: Pesto

Stellen Sie im Hochsommer, wenn die Basilikumbunde Turboform annehmen, Pesto her. Die grüne Sauce aus Italien verwandelt schlichte Spaghetti in eine aromatische Erinnerung an Urlaub und dolce far niente: 3 Bund Basilikum waschen, trockenschütteln, abzupfen, mit 3 geh. EL Pinienkernen und 3 Knoblauchzehen pürieren. 100 g Parmesan frisch hineinreiben, pfeffern und mit 200 ml bestem Olivenöl aufgießen. Gut verschlossen hält Pesto 1 Monat im Kühlschrank.
1 geh. EL Sauce reicht pro Nudelportion. Pesto schmeckt auch zu gekochtem Rind- oder Kalbfleisch und im Salat.

Salat mit Kartoffelvinaigrette

- *1 Kopfsalat*
- *1 Kopf Radicchio*
- *8 Radieschen*
- *1 säuerlicher Apfel*
- *1 große gekochte Pellkartoffel*
- *100 ml Gemüsebouillon*
- *2 EL Essig, 4 EL Öl*
- *Pfeffer, Salz*
- *2 geh. EL Sprossen*

Salate putzen und in mundgerechte Stücke zupfen. Radieschen waschen und stifteln. Apfel schälen, halbieren und in dünne Scheiben schneiden.
Gekochte Kartoffel schälen und fein reiben, mit Bouillon erhitzen. Essig, Öl und Gewürze einrühren. Alle Salatzutaten mischen, warme Vinaigrette darüber gießen, mit Sprossen bestreuen.
Mit einem gegrillten Fischfilet pro Person wird aus dem Salat eine komplette Mahlzeit.

Rucola mit Parmesan

- *300 g Rucola*
- *200 g grüne Bohnen*
- *2 EL Essig, 4 EL Öl*
- *Pfeffer, Salz*
- *4 Thymianzweige*
- *70 g Parmesan*
- *150 g Himbeeren*

Salat putzen und in mundgerechte Stücke teilen. Bohnen putzen und 12–15 Min. kochen.

Aus Essig, Öl, Gewürzen und Thymianblättchen eine Vinaigrette rühren. Salat mit Bohnen anmachen. Käse dünn hobeln, mit den Himbeeren auf den Salatblättern verteilen.

Mit Bauernbrot und loser Butter vom Käse-Milch-Stand ergibt der Salat ein sommerliches Abendessen.

Sommersalat mit Joghurtdressing

- *1 Kopf Lollo Rosso*
- *150 g Feldsalat*
- *2 Karotten*
- *½ Gärtnergurke*
- *1 Kohlrabi*
- *1 Bund Minze*
- *200 ml Joghurt*
- *100 g Roquefort*
- *1 Zitrone*
- *Pfeffer, Salz*

Salate putzen und in mundgerechte Stücke zupfen. Karotten, Gurke und Kohlrabi schälen und in bleistiftgroße Julienne-Streifen schneiden. Gemüse und Salat mit ganzen Minzblättern mischen.

Joghurt und Käse glatt rühren. Mit Zitronensaft und Gewürzen das Dressing abschmecken. Salat auf Portionsteller verteilen, je 2 EL Dressing in Häufchen darauf

verteilen. Bei großem Hunger runden hart gekochte Eier oder eine gedünstete Hühnerbrust den Salat ab.

Hausgemachte Kräuterbutter

- *400 ml süße Sahne*
- *1 Knoblauchzehe*
- *1/2 Bund Blattpetersilie*
- *1/2 Bund Estragon*
- *1/2 Bund Zitronenmelisse*

Sahne, abgezogenen und zerpressten Knoblauch, gewaschene Kräuterblätter in ein hohes Gefäß geben, mit dem Mixstab in ca. 10 Min. zu Butter schlagen. Hellgelbe Butter setzt sich von Molke ab. Abgießen, Butter mit 2 Spateln oder breiten Messern in Form bringen, kühl stellen.

Die Molke kann in einem Gemüsegericht verkocht werden. Verarbeiten Sie beliebige Kräuter, nur keinen Schnittlauch.

Basilikumnocken

- *50 g Butter*
- *1 Msp. Salz*
- *125 g Weizenmehl*
- *4 Eier*
- *1 Bund Basilikum*
- *100 g Parmesan oder Pecorino*

250 ml Wasser mit der Butter aufkochen, salzen, Mehl einstreuen und glatt rühren. Hitze reduzieren, mit Holzlöffel rühren, bis sich der Teig leicht als Ganzes vom Topfrand löst.

Topf vom Herd nehmen, abkühlen und Eier nacheinander unterziehen. Basilikumblätter grob hacken, Käse reiben, zusammen in den Brandteig ziehen.

Topf mit siedendem Wasser bereitstellen. Mit 2 kalten Metall-Löffeln Nocken abstechen. Ins Wasser gleiten lassen und 10–12 Min. bei mittlerer Hitze ziehen lassen. Nicht kochen!

Einlage für klare Suppen oder auf Gemüsebett servieren.

Kräutersuppe

- *4 Bund Kräuter (Borretsch, Estragon, Kerbel, Sauerampfer)*
- *2–3 Schalotten*
- *10 g Butter*
- *750 ml Gemüsebouillon*
- *Pfeffer, Salz, Muskat*
- *200 g saure Sahne (20 % Fett)*
- *1 Eigelb*
- *1 Bund Schnittlauch*

Kräuter waschen, trockenschütteln und abzupfen. Schalotten schälen und würfeln, in der Butter glasig andünsten. Kräuterblätter zugeben und in der Hitze zusammenfallen lassen.

Mit Bouillon ablöschen. Würzen, Sahne unterziehen und mit Eigelb legieren – nicht mehr kochen. Mit dem Mixstab aufschäumen.

Schnittlauchröllchen auf die Suppe streuen. Wer mag, gibt eine Handvoll Krabben oder Shrimps in die Suppe.

Blumenkohl

Vitamin C, Folsäure, Kalium, Magnesium

Die edlen Köpfe sind Italiener. Seefahrer brachten die Samen von Zypern auf das Festland. Um die weiße Farbe zu erzielen, mussten sie abgedeckt werden; heute schieben sich die Blätter der Zuchtform geschickt über den Blütenkopf. Eine Variante heißt Romanesco: Er wächst spitz zu und besitzt gelbgrüne Röschen.

Blumenkohlgeschichte

Blumenkohl war das Lieblingsgemüse der Gräfin Du Barry, Tochter einer Köchin und frühere Verkäuferin. Sie versüßte Ludwig XV. die letzten drei Jahre vor seinem Tod. Die Suppe à la Du Barry ist eine passierte Blumenkohlsuppe mit Sahne, Eigelb und dekorativen Röschen, gewürzt mit Muskat.

Gesund mit Genuss

110 g roher Blumenkohl decken den Tagesbedarf an Vitamin C – aber nur wenn er direkt vom Feld kommt. Unter den Neonlampen vieler Geschäfte verliert das Gemüse lichtempfindliches Vitamin C innerhalb von Stunden! Bereiten Sie Blumenkohlsalat mit Zitronensaft.

Blumenkohl einkaufen und zubereiten

Frischesignal	weißer, geschlossener Kopf, grüne, feste Blätter, Schnittstelle riecht frisch; grüne Sorten sind vitaminreicher
Lagerung	2–3 Tage im Gemüsefach des Kühlschranks, dunkel; nie neben Obst oder Tomaten: verfärbt
Verarbeitung	Blätter entfernen, Strunk ausschneiden, in Röschen teilen; blanchieren oder in wenig Wasser garen; Kochwasser mit verarbeiten; Zitronensaft im Topf garantiert reinweiße Farbe; Lorbeerblatt mildert Kohlgeschmack; aus den Blättern Bouillon kochen
Vorsicht	Wer den Kopf im Ganzen garen will, taucht ihn 30 Min. in kaltes Essigwasser, um Insekten herauszulocken. Doch das raubt Vitamin C!

Blumenkohl-Pickles einlegen

1 großer Blumenkohl, 100 g Schalotten, 2 cm Ingwer, 1 EL Senfkörner, 1 TL Fenchelsamen, 1 TL Pfefferkörner, 1 EL Salz, 500 ml milder Wein- oder Obstessig, 500 ml Wasser: Blumenkohl in Röschen zerteilen, Strunk weitgehend abschneiden, 5 Min. blanchieren, kalt abschrecken und in Einmachgläser füllen. Schalotten schälen, 1 Min. blanchieren und zufügen. Gläser zu zwei Drittel füllen. Gewürze in

Essig und Wasser 10 Min. kochen, über das Gemüse gießen und abdecken. Mind. 2 Wochen ziehen lassen. Weitere Sommergemüse für Pickles: Brokkoli, Karotten, Paprika.

Blumenkohlsalat

- *1 kleiner Blumenkohl*
- *1 rote Paprika*
- *1 Zwiebel*
- *2 EL Essig, 4 EL Öl*
- *Pfeffer, Salz*
- *2 säuerliche Äpfel (Boskop, Jonagold)*

Blumenkohl in kleine Röschen teilen und 5 Min. blanchieren. Paprika häuten (s. S. 62) und in Streifen schneiden.

Zwiebel schälen und fein reiben; mit Essig, Öl, 2–3 EL Kochwasser und Gewürzen zu einer Vinaigrette rühren.

Äpfel schälen, in Stifte schneiden und sofort in die Vinaigrette rühren. Mit dem übrigen Gemüse mischen. 30 Min. ziehen lassen.

Blumenkohl mit Thunfischsauce

- *1 Blumenkohl*
- *200 ml Joghurt*
- *3 geh. EL saure Sahne (20 % Fett)*
- *Pfeffer, Zitronensaft*
- *1 Dose Thunfisch im eigenen Saft*
- *1 geh. EL eingelegte Kapern*

Blumenkohl in sehr kleine Röschen teilen, Blätter und Strunk völlig entfernen, 15 Min. köcheln.

Joghurt und Sahne glatt rühren, abschmecken. Thunfisch abgießen, mit einer Gabel zerpflücken, in die Joghurt-Sahne rühren.

Blumenkohl abtropfen lassen, auf einer Platte ausbreiten, Sauce darüberziehen, mit Kapern bestreuen.

Das leichte Sommergericht reicht als Vorspeise für Vier oder als Abendessen für Zwei mit geröstetem Weißbrot.

Blumenkohl-Curry

- *1 Blumenkohl mit Grün*
- *1 Zwiebel*
- *1 EL Öl*
- *1/2 TL Senfkörner*
- *1/2 TL Kümmel*
- *1 TL Curry*
- *3 Tomaten*
- *Pfeffer, Salz*
- *150 ml Joghurtcreme*

Kohl in Röschen zerteilen, Blätter in feine Streifen schneiden.

Zwiebel schälen und in Ringe schneiden. In einem Topf mit den Gewürzen in Öl anbraten. Mit 125 ml Wasser ablöschen, Blumenkohl zufügen, geschlossen 10 Min. köcheln.

Tomaten abziehen, vierteln und zum Blumenkohl geben. 5 Min. auf kleiner Flamme simmern lassen. Vom Herd nehmen, abschmecken und Joghurtcreme mit den Blumenkohlblattstreifen unterrühren. Nicht mehr kochen! Dazu schmeckt Reis.

Bohnen

Vitamin A und C, Kalium, Kalzium, Eiweiß, Ballaststoffe

Busch- oder Stangenbohnen, grün oder gelb, lang und schlank oder breit: Weltweit existieren etwa 500 Bohnensorten. Lecker schmecken Stangenbohnen mit Bohnenkraut gegart plus einem Klecks Butter – ohne Fett kann der Körper das Vitamin A nicht aufnehmen. Die zarteste Bohne ist die fadenlose Prinzessbohne. Sie wird klassisch gebündelt und mit durchwachsenem Speck umwickelt serviert.

Bohnengeschichte

Grüne Bohnen segelten mit den spanischen Eroberern aus ihrer südamerikanischen Heimat in die alte Welt, wo sie rasch ihren Weg auf die Speisekarten fanden. Erfolgreich verdrängten sie die bis dato bekannten Saubohnen - dicke Bohnen. Dies schwer verdauliche Gemüse stammt von einer Wickenart, ist also gar keine Bohne.

Gesund mit Genuss

Bohnen regen die Blutbildung an, entwässern, stärken das Gehirn und wirken dank Pantothen Stress entgegen – ein natürliches Beruhigungsmittel. Bohnenkraut fördert die Verdauung. Seine Gerb- und Bitterstoffe halten Darm-

Bohnen einkaufen und zubereiten

Frischesignal	pralle Haut, keine Flecken, leicht zu brechen, Bruchstelle glatt und feucht
Lagerung	feucht 2 Tage im Gemüsefach des Kühlschranks, nicht zu kalt, dunkel
Verarbeitung	Enden abschneiden, Fäden abziehen, mind. 10 Min. garen, kalt abschrecken; Kochwasser mitverwenden
Vorsicht	Bohnen nie roh essen, da der Eiweißstoff Phasin Magenbeschwerden auslösen kann

bakterien in Schach – das hilft bei Sommergrippe. Probieren Sie das wohlriechende Kraut auch an Tomaten, Erbsen oder Auberginen. Bohnenkraut gibt es als einziges Kraut kostenlos auf dem Markt beim Bohnenkauf!

Gelber Wachsbohnensalat

- *500 g gelbe Bohnen (Wachsbohnen)*
- *4 Tomaten*
- *2 EL Essig, 4 EL Öl*
- *Pfeffer, Salz*
- *1 Zwiebel*
- *1 Bund Estragon*

Bohnen putzen und in Salzwasser 10–15 Min. bissfest kochen. Tomaten 2 Min. blanchieren, abziehen und achteln. Aus Essig, Öl, Gewürzen, fein gewürfelter Zwiebel und abgezupften Kräutern eine Vinaigrette rühren. Gemüse mischen, Vinaigrette darüber gießen.

Bohnensalat ist eine beliebte Beilage zu gebratenem Fisch, Fleisch oder Tofu.

Breite Bohnen mit Sardellenvinaigrette

- *500 g breite Bohnen (Stangenbohnen)*
- *4 Sardellenfilets*
- *1 Bund Blattpetersilie*
- *2 EL Rotweinessig, 4 EL Öl*
- *Pfeffer*
- *1 Bund Blattpetersilie*

Bohnen putzen und im Ganzen garen. Sardellenfilets und Petersilie fein hacken, in Essig und Öl rühren, kräftig pfeffern.

Bissfeste Bohnen nach etwa 20 Min. abschütten, Vinaigrette über die warmen Bohnen gießen, mit Petersilienblättchen bestreuen. Lauwarm bis kalt servieren. Dazu passen italienische Salami, geräucherter Schinken, Paprikawurst.

Bohnenpüree

- *500 g grüne Bohnen (Buschbohnen)*
- *Salz*
- *Bohnenkraut*
- *2 geh. EL saure Sahne (20 % Fett)*
- *20 g Butter*

Bohnen putzen, in Salzwasser mit abgezupftem Bohnenkraut bissfest garen: 20–30 Min. Ein Drittel der Bohnen beiseite stellen, den Rest pürieren, Sahne unterrühren und neben den ganzen Bohnen servieren. Mit flüssiger Butter übergießen. Dazu schmecken Kartoffeln oder gegrillter Fisch.

Gärtnerinnensalat

- *300 g grüne Bohnen*
- *½ Blumenkohl*
- *2 Karotten*
- *500 g Erbsschoten (Markerbsen)*
- *3 EL Essig, 6 EL Öl*
- *1 Zwiebel*
- *Pfeffer, Salz*
- *2 Eier*
- *1 Bund Schnittlauch*

Bohnen putzen, Blumenkohl in Röschen teilen, Karotten in Scheibchen schneiden, Erbsen auspulen. Getrennt in Salzwasser kochen, kalt abschrecken.

Aus Essig, Öl, 3–4 EL Kochwasser, fein gewürfelter Zwiebel und Gewürzen eine Vinaigrette rühren; über das gemischte Gemüse gießen.

Eier hart kochen, schälen und klein hacken. Mit Schnittlauchröllchen über den Salat streuen.

Saubohnensalat

- *2 kg Saubohnen (dicke Bohnen)*
- *150 g durchwachsener, geräucherter Speck*
- *2 Zwiebeln*
- *Bohnenkraut*
- *1 Kopf Romana (Ersatz: Batavia, Lollo Rosso)*
- *500 ml Gemüsebouillon*
- *Pfeffer, Salz*
- *2 Zitronen, 4 EL Öl*

Bohnen auspulen, Speck und Zwiebeln würfeln. Bohnenkraut waschen und abzupfen. Salat waschen und in schmale Streifen schneiden.

Speck in einem heißen Topf auslassen, Zwiebeln darin anbraten. Mit Bouillon ablöschen, Bohnen darin 25–30 Min. weich garen. In den letzten 5 Min. Bohnenkraut und Salat zugeben. Abgießen, mit Pfeffer, Salz und Zitronensaft abschmecken. Öl unterrühren.

Der Salat wird warm serviert; dazu schmeckt Bauernbrot.

Bohnen-Tomaten-Platte

- *500 g grüne Bohnen*
- *3 Gemüsetomaten*
- *1 Zwiebel*
- *1 Kopfsalat*
- *150 g Oliven*
- *150 ml Joghurt*
- *100 ml saure Sahne*
- *Pfeffer, Salz, Paprika*
- *1 Bund Petersilie*

Bohnen putzen und 10–12 Min. in Salzwasser kochen. Tomaten abziehen und in Scheiben schneiden. Zwiebel in Ringe teilen. Salat putzen und in mundgerechte Stücke zupfen. Gemüse und Salat mit ganzen Oliven auf einer Platte anrichten.

Aus Joghurt, Sahne und Gewürzen ein Dressing rühren, Petersilie darüber streuen und separat reichen.

Grüne Bohnen mit Fisch

- *500 g Stangenbohnen*
- *3 Tomaten*
- *600 g Fischfilet (Goldbarsch, Kabeljau)*
- *2 Zitronen*
- *150 ml Gemüsebouillon*
- *4 EL Öl*
- *Pfeffer, Salz*
- *Bohnenkraut*

Bohnen putzen, schräg halbieren und in Salzwasser 20 Min. weich kochen. Tomaten häuten, entkernen und in Streifen schneiden. Gemüse warm mischen.

Fisch in größere Stücke teilen, mit dem Saft 1 Zitrone säuern, in Bouillon 8–10 Min. garen.

Aus dem Saft der zweiten Zitrone, Öl, Gewürzen und Bohnenkraut eine Vinaigrette rühren, über das Gemüse gießen. Fischstücke darauf anrichten.

Bohnen-Kalb-Topf

- *750 g breite Bohnen (Stangenbohnen)*
- *3 Kartoffeln*
- *2 Zwiebeln*
- *1 EL Öl*
- *750 ml Gemüsebouillon*
- *600 g Kalbfleisch (Schulter)*
- *Pfeffer, Salz*
- *1 Zweig Salbei*
- *2 geh. EL Tomatenmark*

Bohnen putzen und schräg in 2 cm lange Stücke schneiden. Kartoffeln und Zwiebeln schälen, würfeln.

Zwiebel und Kartoffeln in Öl anbraten. Mit Bouillon ablöschen, Fleisch in die Suppe legen und 40–50 Min. köcheln.

Abschmecken, Bohnen und abgezupfte Salbeiblätter zufügen. Weitere 20–30 Min. köcheln und mit Tomatenmark binden.

Kalbfleisch vor dem Servieren in dünne Scheiben schneiden.

Prinzessbohnen im Speckmantel

- *500 g Prinzessbohnen*
- *8 dünne Scheiben Räucherspeck*
- *1 Bund Bohnenkraut*
- *Salz*
- *Butter*

Bohnen putzen, in Salzwasser mit Bohnenkraut 10–12 Min. nicht zu weich kochen. Abgießen und wenige Butterflöckchen im Topf auf den heißen Bohnen zergehen lassen. Speckscheiben in heißer Pfanne kurz ausbraten. Je 10–12 Bohnen mit einer Speckscheibe ummanteln.

In Speck gehüllt sind Prinzessbohnen die klassische Beilage zu Steaks (Rinderfilet).

Brokkoli

Vitamin A, B_2 und C, Folsäure, Eisen, Kalium, Kalzium, Magnesium

Als Mitglied der Kohlfamilie ist der grüne Brokkoli ein Verwandter des weißen Blumenkohls. Er stammt aus dem Mittelmeerraum und wurde im 18. Jahrhundert unter dem Namen »Spargelkohl« bekannt. Doch setzte er sich in den Küchen nicht durch. Dafür ist er heute umso beliebter!
Brokkoli ist wie Blumenkohl leicht bekömmlich, tönt nicht mit massivem Kohlgeschmack hervor.

Brokkoli-Kanapees

- *200 g Brokkoli*
- *Pfeffer, Salz*
- *2–3 EL süße Sahne*
- *8 Scheiben Pumpernickel (ø 4–5 cm)*
- *1 geh. EL Mandelblättchen*

Röschen von Stielen trennen, Stiele putzen und klein würfeln. 5 Min. vorgaren, dann Röschen zugeben und noch 5–8 Min. garen. Wasser abgießen.

Bis auf 8 kleine Röschen pürieren, würzen und geschlagene Sahne unterrühren. Esslöffelweise auf Brot häufeln, mit Röschen sowie Mandelblättchen dekorieren.

Brokkoli einkaufen und zubereiten

Frischesignal	feste, grüne bis grünbläuliche Blütenknospen, keine gelbliche Verfärbung; dunkelgrüne Blätter; frisch riechende Schnittfläche
Lagerung	1–2 Tage im Gemüsefach des Kühlschranks, dunkel; nie zusamen mit Tomaten: verfärbt
Verarbeitung	in Röschen teilen und kurz garen; Stiele und Blätter mitverarbeiten, harte Stielenden abschneiden, Stiele ev. schälen; Gemüsewasser an Saucen oder Suppen gießen
Vorsicht	Zitrone kann verfärben; Eigengeschmack nicht übertönen

Brokkolisalat

- *750 g Brokkoli*
- *3 gelbe Paprika*
- *2 EL Weinessig, 4 EL Kürbiskernöl*
- *50 ml Gemüsebouillon*
- *Pfeffer, Salz*
- *2 geh. EL Kürbiskerne*

Brokkolikopf in Röschen teilen, Stiele anderweitig verwenden – z. B. in einer pürierten Suppe. 10 Min. dämpfen.

Paprika häuten (s. S. 62), innen putzen und in breite Streifen schneiden. Gemüse in einer Schüssel mischen.

Aus den restlichen Zutaten eine Vinaigrette rühren, darüber gießen und mit Kürbiskernen bestreuen.

Wer mag, grillt frischen Fisch zum Brokkolisalat: Bach- und Regenbogenforellen.

Gemüseplatte

- *1 kleiner Brokkoli*
- *½ Blumenkohl*
- *4 Karotten*
- *2 Kohlrabi*

Gemüse putzen. Brokkoli und Blumenkohl in Röschen teilen. Karotten und Kohlrabi stifteln. Separat in Salzwasser weich kochen. Auf einer Platte in Häufchen anrichten.

Dazu gehört klassisch eine Sauce hollandaise mit Estragonblättern.

Gemüse-Pizza

- *20 g Hefe*
- *200 ml zimmerwarmes Wasser*
- *400 g Weizenmehl*
- *2 EL Öl*
- *1 Msp. Salz*

Hefe in Wasser auflösen, 3 EL Mehl einrühren. 30 Min. ruhen lassen. Mehl auf sauberer Fläche auftürmen, in die Mitte eine Vertiefung drücken, Vorteig und Öl eingießen, salzen und 10 Min. einkneten. Ev. noch 2–4 EL Wasser angießen.

In 4 Portionen teilen, zugedeckt warm 2 Std. gehen lassen.

4 Teigbälle formen, dünn ausrollen. Die Ränder müssen dicker sein.

- *1 großer Brokkoli*
- *4 Tomaten*
- *Pfeffer, Salz*
- *Mozzarella*
- *Öl*

Brokkoli in Röschen teilen, Stiele für die Pizza nicht verwerten. 5 Min. blanchieren. Tomaten abziehen, würfeln und würzen. Mozzarella in dünne Scheiben schneiden. Teig in der Reihenfolge Tomaten, Käse, Brokkoli belegen. 1 EL Öl auf jede Pizza träufeln.

Im vorgeheizten Backofen bei 250 °C 20–25 Min. auf unterster Schiene backen.

Erbsen

Vitamin B_1 und C, Folsäure, Kalium, Magnesium, Eiweiß, Ballaststoffe

Juli und August sind Erbsenmonate! Jetzt wird gepult. Im Mittelalter glaubte man, nur die ausgereifte Hülsenfrucht sei genießbar und verachtete die jungen Schoten. Tatsächlich sind frische Erbsen leichter verdaulich. Tipp: Die kleineren Markerbsen schmecken lieblicher als Palerbsen.
Grüne Erbsen sind unverzichtbarer Bestandteil des Leipziger Allerlei. Das Originalrezept enthält Erbsen, Karotten, Spargel, Blumenkohl, Morcheln und Flusskrebse. Alles frisch erhalten Sie nur kurze Zeit im Frühsommer. Wer das Gericht einmal ausprobiert hat, wird nie wieder eine Dose gleichen Namens öffnen.

Erbsengeschichte

Vermutlich gelangten die grünen Schoten von Nordindien auf dem Landweg über den Balkan zu den Griechen, später nach Mittel- und Nordeuropa. Die Pflanzen benötigen kühle Temperaturen. Erbsensuppe war schon im antiken Griechenland bekannt. Doch blieben die Schoten der Oberschicht vorbehalten. Auch z. Z. Ludwig XIV. gehörte das Sommergemüse zur Luxustafel.
Die französische Highsociety schätzte Erbsen mit klein geschnittenem Blattsalat und Frühlingszwiebeln gedünstet, gewürzt mit Thymian.

Erbsen einkaufen und zubereiten

Frischesignal	pralle Schoten, hellgrün, leicht auszupulen; nicht fleckig oder mehlig
Lagerung	1–3 Tage im Gemüsefach des Kühlschranks, dunkel, kühl
Verarbeitung	2 kg Erbsschoten für 4 Personen rechnen; in wenig Wasser garen, frische Erbsen 10 Min., einige Tage gelagerte mind. 15 Min., Kochwasser mitverarbeiten
Vorsicht	Verdauungsbeschwerden sind bei reichlichem Genuss möglich; Aufwärmen zerstört Folsäure

Russischer Salat

- *4 Eier*
- *1 kg Markerbsenschoten (300–400 g Erbsen)*
- *3 Karotten*
- *½ Knollensellerie*
- *200 g Joghurtcreme*
- *Pfeffer, Salz*
- *1 Bund Dill*
- *1 Zitrone*

Eier hart kochen, pellen und vierteln. Erbsen auspulen und 10–15 Min. kochen. Karotten und Sellerie putzen, klein würfeln und in Salzwasser weich garen. Gemüse mischen.
Joghurt mit Gewürzen und

klein gehacktem Dill verrühren, mit Zitronensaft abschmecken. Unter das Gemüse ziehen. Mit Eivierteln dekorieren.

Risi-Pisi

- *1 kg Erbsschoten*
- *250 g Rundkornreis*
- *1 Zwiebel*
- *30 g Butter*
- *750 ml Gemüsebouillon*
- *Pfeffer, Salz*
- *100 ml Weißwein*
- *1 Bund Petersilie*
- *50 g Parmesan*

Erbsen auspulen, Reis waschen. Zwiebel schälen und fein würfeln, in Butter glasig andünsten. Gewaschenen Reis zuschütten und unter Rühren anschwitzen. Erbsen dazugeben. Mit einer Kelle Bouillon ablöschen, würzen, einkochen.

Innerhalb 30 Min. nach und nach Wein und Bouillon angießen und verkochen. In den letzten 2 Min. sehr klein gehackte Petersilienblätter und frisch geriebenen Parmesan unterrühren.

Erbspüree

- *2 kg Erbsschoten (600–800 g Erbsen)*
- *3 Schalotten*
- *20 g Butterschmalz*
- *125 ml Gemüsebouillon*
- *1 Zitrone*
- *1 Bund Estragon*
- *Pfeffer, Salz, Muskat*
- *100 ml saure Sahne (10 % Fett)*

Erbsen auspulen. Schalotten schälen, würfeln und in Butterschmalz andünsten. Mit Bouillon und Zitronensaft ablöschen. Erbsen und Estragonblätter zufügen, würzen und 15 Min. köcheln. Sahne angießen, mit dem Mixstab pürieren.

Erbspüree ist die traditionelle Beilage zu Eisbein. Es schmeckt auch zu Salzkartoffeln, gedünstetem Blumenkohl oder Brokkoli.

Erbsentorte

- *300 g gekochte Pellkartoffeln*
- *1 Stange Porree*
- *1 kg Erbsschoten (300–400 g Erbsen)*
- *Pfeffer, Salz*
- *2 Msp. Kardamom*
- *3 Eier*
- *100 g saure Sahne (20 % Fett)*
- *Butter*

Kartoffeln schälen und grob reiben. Porree putzen und in sehr feine Ringe schneiden. Schoten auspulen und Erbsen in Salzwasser 10 Min. kochen. Gemüse mischen und würzen.

Eier trennen. Eigelb und Sahne unter das Gemüse rühren. Eiweiß steif schlagen, vorsichtig unterheben. Hohe Springform einfetten, zu drei Viertel füllen, im vorgeheizten Backofen bei 200 °C 30 Min. backen. Die Erbsentorte geht beim Backen etwas hoch.

Zur Erbsentorte schmeckt ein saftiger Tomatensalat.

Gurken

Vitamin A und C, Folsäure, Kalium

Da Schlangen- oder Salatgurken in Gewächshäusern gut gedeihen, liegen sie das ganze Jahr auf den Märkten. Doch nur im August und September finden Sie Schmorgurken, jene festen, kleineren Freilandexemplare, die intensiver schmecken und weniger Wasser enthalten. Tipp: Zum Einmachen angebotene Cornichons und Delikatessgurken ab 5 cm Länge schmecken roh besonders würzig.

Gesund mit Genuss

Bitterstoffe der Gurke regulieren die Verdauung. Ihr hoher Wasseranteil hilft bei Verstopfung und entwässert. Gurken sind gleich nach Spargel das Diätgemüse: 100 g rohe Gurken enthalten 96 % Wasser und 12 Kalorien! An heißen Tagen erfrischen sie, ohne zu belasten.

Aufgelegt versorgen Gurken die Haut mit Feuchtigkeit. Die altbekannte Gurkenmaske ist immer noch aktuell.

Gurken einkaufen und zubereiten

Frischesignal	fest, gleichmäßig dunkelgrün, glänzende Schale, weiche Kerne
Lagerung	Kerne 3–4 Tage separat, nicht im Kühlschrank
Verarbeitung	harte Exemplare zum Stielansatz hin schälen, sonst bürsten; roh oder kurz garen, Kochwasser mitverarbeiten; erst kurz vor dem Servieren salzen
Vorsicht	roher Gurkensalat ist schwer verdaulich; bei Magen- oder Darmbeschwerden Gurken schälen

Gurken einlegen

500 g Einlegegurken, 3 geh. EL Salz, 500 ml milder Obst- oder Weinessig, 500 ml Wasser, 3 Lorbeerblätter, 1 EL Senfkörner, 1 TL Pfefferkörner, 1 Bund Dill: Gurken waschen, mit Salz bestreuen, 1 Std. stehen lassen, trocken abreiben. Essig und Wasser mit den Gewürzen 10 Min. köcheln. Gurken und gewaschene Dillspitzen in Steinguttöpfe oder Einmachgläser füllen, mit Essigmischung übergießen, abdecken.

Am nächsten Tag die Flüssigkeit aufkochen, erneut über die Gurken gießen und mind. 2 Wochen ziehen lassen.

Gurken-Rettich-Salat

- *1 Salatgurke*
- *1 kleiner Rettich*
- *1 Bund Radieschen*
- *1 Bund Minze*
- *2 EL Essig, 4 EL Öl*
- *Pfeffer, Salz*

Gurken und Rettich hauchdünn hobeln, mit Salz bestreuen, 30 Min. ziehen las-

sen. Gemüse ausdrücken und mit Küchenkrepp Salz abtupfen. Radieschen waschen und in Stifte schneiden, Minzblätter waschen, trockenschütteln und abzupfen. Alles mischen.
Aus den übrigen Zutaten eine Vinaigrette rühren und kurz vor dem Servieren über den Salat gießen.

Gurkensalat mit Erdnüssen

- *2 Schmorgurken*
- *1 rote Paprika*
- *2 Äpfel (Goldapfel, Boskop)*
- *2–3 rote Zwiebeln*
- *1 Bund Blattpetersilie*
- *2 EL Zitronensaft, 4 EL Öl*
- *Cayennepfeffer, Salz*
- *2 geh. EL ungesalzene*
- *Erdnüsse*

Gemüse putzen, Äpfel schälen und alles klein würfeln. Zwiebeln in Scheibchen schneiden. Petersilie waschen und abzupfen, mit Gemüse und Äpfeln mischen. Aus Zitronensaft, Öl und Gewürzen eine Vinaigrette rühren, über den Salat gießen und mit gehackten Erdnüssen bestreuen.

Süß-saure Gurken

- *15–20 kleine Delikatessgurken*
- *20 g Butter*
- *1 EL eingedickter Birnensaft*
- *3 EL Apfelessig*
- *1 Bund Zitronenmelisse*

Gurken heiß waschen und in dicke Scheiben schneiden. In Butter anschmoren, 125 ml Wasser, Birnensaft und Apfelessig angießen, 10 Min. köcheln. Zitronenmelisse fein hacken und unterrühren. Süß-saure Gurken schmecken warm und kalt.

Gurken-Fisch-Topf

- *1 Schmorgurke*
- *2 Gemüsetomaten*
- *1 Zwiebel*
- *1 EL Öl*
- *1 Zitrone*
- *Pfeffer, Salz*
- *250 ml Fischfond (Ersatz: Gemüsebouillon)*
- *600 g Fischfilet*

Gurke und Tomaten schälen und grob würfeln. Zwiebel schälen und fein hacken.
Zwiebelwürfel im Öl anbraten, mit Zitronensaft ablöschen und Gemüse zugeben. Würzen und 10 Min. schmoren.
Fond angießen, Fischfilets in größere Stücke teilen und 5–8 Min. auf dem Gemüse zugedeckt garen.
Scharfen Zungen schmeckt dazu eine französische Rouille: 2 Knoblauchzehen und 1 getr. Chili im Mörser zerstoßen, 1 enthäutete, rote Paprika klein würfeln und unterrühren. 1 Scheibe Weißbrot in warmem Wasser einweichen, ausdrücken und gut zerpflückt dazugeben. 100 ml kaltgepresstes Olivenöl langsam einrühren.

Karotten

Provitamin A, Eisen, Kalium, Kalzium, Ballaststoffe

Lang und schlank, kurz und dicklich oder rund: Das orangefarbene Wurzelgemüse liegt das ganze Jahr am Marktstand. Doch nur die frischen Karottenbunde – zwischen Juni und September geerntet – schmecken zuckersüß. Frühkarotten sind rund wie Radieschen und können nicht gelagert werden; die länglichen überwintern im Keller in Sand oder Erde.

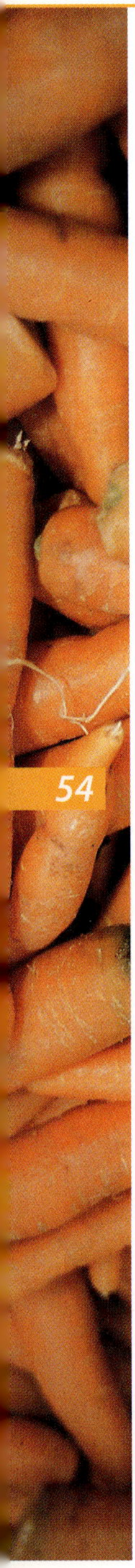

Gesund mit Genuss

Mit ihrem Provitamin A gilt die Karotte seit alters her als das Gemüse für Augen und Haut. Regelmäßiger Verzehr färbt die Haut dank Karotin orange-bräunlich.
Mehrfach ungesättigte Fettsäuren zerstören Provitamin A! Bereiten Sie Karotten daher mit Butter, süßer Sahne oder Olivenöl. Für die Aufnahme des Provitamins ist es vorteilhaft, Karotten zu kochen.

Karotten einkaufen und zubereiten

Frischesignal	fest, nicht biegsam, keine Flecken oder grüne Verfärbung am Ansatz, nicht gespalten
Lagerung	2–4 Tage ohne Grün, dunkel, trocken; ungewaschen unter Sand auch länger
Verarbeitung	bürsten oder schaben; entsaften, roh oder garen; plus Fett, Kochwasser mitverarbeiten; das zarte Grün kann gegessen werden
Vorsicht	Rohkost ist schwer verdaulich

Rohkostplatte

- *1/2 Bund Karotten mit Grün*
- *2 Zucchini*
- *2 Kohlrabi mit Grün*
- *2 geh. EL Kürbiskerne*

- *1 Bund Estragon*
- *200 ml Joghurt*
- *1 EL Olivenöl*
- *Pfeffer, Selleriesalz*

Gemüse putzen und getrennt grob reiben oder in bleistiftgroße Julienne-Streifen schneiden. Auf einer Platte in Häufchen anrichten. Mit Kürbiskernen bestreuen.

Estragon, Karotten- und Kohlrabigrün waschen, abzupfen und klein hacken. Joghurt mit Öl und Gewürzen mischen, grüne Blättchen einrühren. Sauce separat reichen.
Dazu schmecken Haferkekse oder geröstetes Vollkornbrot.

Karottensuppe

- *500 g Karotten*
- *1 Petersilienwurzel*
- *2 Zwiebeln*
- *1 EL Olivenöl*
- *750 ml Gemüsebouillon*
- *Pfeffer, Salz*
- *150 ml süße Sahne*
- *2 geh. EL Sonnenblumenkerne*

Gemüse putzen und würfeln. Im heißen Öl anbraten, mit Bouillon löschen. Würzen und 15 Min. köcheln. Suppe pürieren, Sahne unterrühren und 10 Min. weiter kochen. Sonnenblumenkerne auf die gefüllten Suppenteller streuen.

Karottenflan

- *500 g Karotten*
- *6 Eigelbe*
- *Pfeffer, Salz*
- *½ TL gem. Fenchel*
- *Butter*

Karotten putzen, würfeln, in Salzwasser weich kochen, abgießen und pürieren. Eigelb unterziehen und kräftig würzen. Feuerfeste Förmchen einfetten, Masse einfüllen und bei 180 °C auf unterer Schiene im Backofen 30 Min. garen. Der Flan ist gar, wenn Sie ein Holzspießchen hineinstechen und nichts hängen bleibt.

Karotten-Rübchen-Gratin

- *500 g Karotten*
- *300 g weiße Rübchen*
- *1 Ei*
- *200 ml süße Sahne*
- *60 g Parmesan*
- *Butter*
- *Pfeffer, Salz, Muskat*

Gemüse waschen, putzen und in 3 mm dicke Scheiben schneiden. Ei in Sahne verrühren und Käse hineinreiben.

Feuerfeste Form einfetten, Gemüse fächerartig anordnen, würzen und Sahne-Ei-Käse-Mischung darüber gießen.

Im vorgeheizten Backofen offen 45 Min. bei 180 °C auf unterer Schiene garen.

Gemüseragout in Pasteten

- *200 g runde Karotten*
- *400 g Erbsschoten*
- *1 Kohlrabi*
- *1 Zwiebel*
- *1 TL Butter*
- *125 ml Weißwein*
- *125 ml Gemüsebouillon*
- *Pfeffer, Salz*
- *2 EL saure Sahne (20 % Fett)*
- *4 Blätterteigpasteten*

Gemüse putzen, Karotten halbieren oder vierteln, Erbsen auspulen, Kohlrabi in dünne Stifte schneiden. Getrennt bissfest kochen, in Eiswasser abschrecken.

Zwiebel fein würfeln, in Butter anschwitzen und mit Wein plus Bouillon ablöschen, würzen. Einkochen und mit Sahne legieren. Gemüse in der Sahnesauce erwärmen.

Pasteten im Backofen bei 180 °C 5 Min. aufbacken, mit Gemüseragout gefüllt servieren.

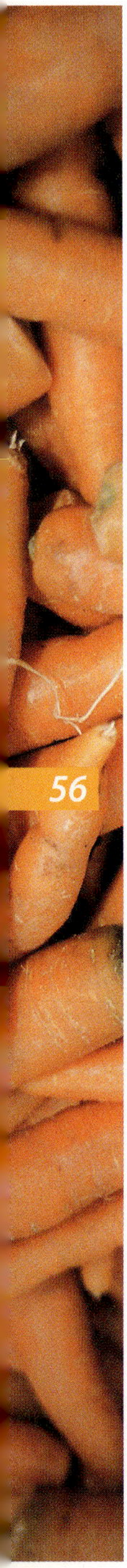

Gemüsestrudel

- 100 g Weizen-vollkornmehl
- 2 Msp. Salz
- 1 TL Olivenöl
- 65 ml Wasser

Mehl und Salz mischen, mit Öl und Wasser verkneten. Mit Öl bestreichen, damit sich keine Haut bildet und abgedeckt 15 Min. warm stellen. Auf einem bemehlten Tuch mit den Fingern flach klopfen und hauchdünn zu einem Rechteck ausziehen. Teig 1 Std. trocknen lassen.

- 5 Karotten
- 150 g Mangold
- 1 Zwiebel
- 1 EL Öl
- 8 frische Aprikosen
- Butter

Gemüse putzen, Karotten fein reiben, Mangoldblätter in feine Streifen schneiden. Zwiebel dünn hobeln und im Öl anbraten. Gemüse zufügen und 5 Min. schmoren. Aprikosen halbieren, entkernen, in Streifen schneiden und zum Gemüse geben. Alles auf dem Strudelteig ausbreiten, 5 cm Rand freilassen. Mit Hilfe des Tuchs zusammenrollen; dabei die Seiten nach innen einschlagen. Strudel mit weicher Butter bestreichen.

Im vorgeheizten Backofen auf mittlerer Schiene bei 180 °C 40 Min. backen; wiederholt einbuttern.

Dazu passt eine Kräutersauce auf Joghurtbasis.

Karottenkuchen

- 250 g Karotten
- 200 g gemahlene Haselnüsse
- 1 unbehandelte Orange
- 4 Eier
- 125 g Honig
- Puderzucker
- 50 g Stärkemehl
- Butter

Karotten putzen und fein reiben, unter die Haselnüsse rühren. Mit der abgeriebenen Schale und dem Saft der Orange würzen.

Eier trennen. Eigelb mit Honig schaumig rühren und in die Kuchenmasse einrühren. Eiweiß steif schlagen. 50 g Puderzucker und Stärkemehl langsam einsieben und unterziehen. Eiweiß unter den Teig heben.

Kastenform einfetten, Masse einstreichen. Im vorgeheizten Backofen bei 180 °C etwa 60 Min. backen. Mit Puderzucker bestreut servieren.

Kohlrabi

Vitamin C, Eisen, Kalium, Kalzium, Magnesium

Beliebt wurde Kohlrabi im 19. Jahrhundert; doch werden die apfelgroßen Knollen schon seit über 300 Jahren angebaut. Heute sind sie im Sommer und frühen Herbst von keinem Markt wegzudenken. Der Geschmack der hellgrünen oder violetten Sorten ist identisch. Die kleineren Treibhausknollen schmecken besonders zart, Freilandexemplare dagegen kräftiger.

Roher Kohlrabisalat

- *4 kleine Kohlrabi mit Grün*
- *1 Bund Dill*
- *200 ml Joghurt*
- *1 Zitrone*
- *Pfeffer, Salz*
- *2 Msp. Muskat*

Kohlrabi in streichholzgroße Stifte schneiden. Grün und Dill klein hacken. Zitronensaft in Joghurt rühren, würzen, Kräuter unterziehen und mit Kohlrabi mischen. Dazu passen grob geriebene Karotten, blanchierte Brokkoli- oder Blumenkohlröschen und selbstverständlich Landbrot.

Kohlrabi einkaufen und zubereiten

Frischesignal	glänzende Schale; feste, grüne Blätter; zarte Knollen geben an der Wurzelseite nach
Lagerung	1–2 Tage ohne Grün im Gemüsefach des Kühlschranks, dunkel; Blätter sofort verbrauchen
Verarbeitung	junge Knollen nicht schälen; roh oder garen; hobeln, salzen und wie Sauerkraut stampfen; Grün mitverarbeiten, große Blätter wie Spinat zubereiten
Vorsicht	spät geerntete oder sehr große Knollen sind oft holzig; heiße Sommer fördern Verholzung

Überbackener Kohlrabi

- *3 Kohlrabi*
- *3 Kartoffeln*
- *Butter*
- *Pfeffer*
- *200 g Gorgonzola*

Kohlrabi und Kartoffeln schälen, in Scheiben schneiden, 8–10 Min. kochen. Abwechselnd in eine eingefettete, feuerfeste Form schichten, pfeffern und mit dün nen Scheiben Gorgonzola belegen. Unter Oberhitze im Backofen goldbraun überbacken.

Sommergemüse

- *3 Kohlrabi mit Grün*
- *1 grüne Paprika*
- *2 Gemüsetomaten*
- *1 Zwiebel*
- *1 TL Öl*
- *Pfeffer, Salz, Paprika*

Gemüse putzen. Kohlrabi in schmale Stifte, Paprika in dünne Ringe schneiden. Tomaten häuten und würfeln. Zwiebel schälen und in Ringe schneiden; im Öl anbraten. Gemüse zugeben. Würzen und 15 Min. köcheln. Kohlrabiblätter fein hacken und auf das fertige Gemüse streuen.

Gefüllte Kohlrabi

- *4 Kohlrabi mit Grün*
- *50 g durchwachsener, geräucherter Speck*
- *1 Zwiebel*
- *200 g Hühnerleber*
- *Pfeffer, Salz, Anis*
- *100 ml saure Sahne (20 % Fett)*
- *Butter*

Kohlrabi sparsam schälen und im Ganzen 10 Min. in Salzwasser kochen. Aushöhlen, mit dem Grün klein hacken.

Speck klein schneiden und auslassen. Zwiebel würfeln und darin anbraten. Klein geschnittene Leber zugeben und unter Rühren anbräunen. Würzen, gehacktes Gemüse, Grün und Sahne 3 Min. mitköcheln.

Kohlrabi mit dieser Masse füllen und in eine eingefettete, feuerfeste Form setzen. Im Backofen bei 200 °C 15 Min. garen.

Mangold

Vitamin A und C, Folsäure, Eisen, Kalium, Kalzium, Eiweiß

Im Spätsommer wetteifern weiße Stiele mit grünen Blättern kontra rotviolette Stiele mit rotgrünen Blättern um die Gunst der Marktbesucher. Mangold steht Spinat in nichts nach, schmeckt etwas herber und gart 3–5 Min. länger. Seine Bitterstoffe helfen der Leber beim Stoffwechsel.
Die Stiele sind verwandt mit Zuckerrübe und Roter Bete, deren Blätter dem roten Mangold gleichen. Marktfrauen unterscheiden zwischen dem feineren Blattmangold, der Winterspinat ähnelt, und dem dicken Stiel- oder Rippenmangold mit großen Blättern – ideal zum Füllen.

Mangoldgeschichte

Die Römer mochten Mangoldblätter und exportierten sie auf ihren Kriegszügen nach Nordeuropa. Sie schätzten vor allem die beruhigende Wirkung des Gemüses. Mangold gilt als Heilpflanze der Naturmedizin bei innerer Unruhe. Noch heute bietet die italienische Küche zahlreiche Rezepte, und manche Köche nennen Mangold »Römischen Kohl«.

Mangold einkaufen und zubereiten

Frischesignal	feste Blätter, kräftige Farbe, frischer Stielabschnitt sondert bei Druck Saft ab
Lagerung	1–2 Tage in Papier im Gemüsefach des Kühlschranks; dunkel, kühl
Verarbeitung	gründlich waschen, nicht lange wässern, dicke Rippen ausschneiden, Stiele abziehen; mit wenig Wasser dünsten, Kochwasser abgießen; plus Fett; Zitronensaft erhält die Farbe
Vorsicht	aufgrund überdüngter Felder hoher Nitratanteil möglich; biologisch angebaute Ware bevorzugen bzw. Stiele und Blattrippen abschneiden; bei Neigung zu Nieren- und Gallensteinen wegen Oxalsäure verzichten

Mangoldsalat

- *400 g Blattmangold*
- *1 Kohlrabi mit Grün*
- *4 geh. EL Sprossen*
- *2 EL Essig, 4 EL Öl*
- *Pfeffer, Salz*
- *1 gestr. TL Senf*
- *1 geh. TL frisch geriebener Meerrettich*

Mangold mit Kohlrabigrün in feine Streifen schneiden und 3 Min. blanchieren. Kohlrabi schälen, stifteln und 5 Min. separat kochen. Sprossen waschen. Alles mischen.
Aus den übrigen Zutaten eine Vinaigrette rühren und über den Salat gießen.

Glasierte Mangoldstiele

- *1 kg Stielmangold*
- *2 TL Öl*
- *1 geh. EL Zucker*
- *1 Zwiebel*
- *1 Zitrone*
- *Pfeffer, Salz, Muskat*
- *100 ml süße Sahne*
- *2 Eier*
- *2 geh. EL Sonnenblumenkerne*

Stiele putzen, ev. schälen, in gleich lange Stifte schneiden und in 1 TL Öl anbraten. Zucker darüber streuen und flüssig werden lassen.

Blätter putzen. Zwiebel würfeln und in 1 TL Öl anbraten. Mangoldblätter dazugeben, 5 Min. unter Rühren anbraten. Mit Zitronensaft ablöschen, würzen und noch 3 Min. köcheln. Pürieren und Sahne unterrühren.

Eier hart kochen und klein würfeln. Mangoldstiele auf dem Mus anrichten, mit Eiern und Sonnenblumenkernen bestreuen. Zum Mangoldgemüse schmecken Salzkartoffeln oder Polenta.

Mangoldpäckchen

- *8–12 große Mangoldblätter*
- *150 g Champignons*
- *1 Zwiebel*
- *Öl*
- *200 g Tofu*
- *1 Orange*
- *Pfeffer, Salz*
- *4 EL ungesalzene Erdnüsse*
- *Butter*

Mangoldblätter waschen, Rippen flach schneiden und 2 Min. blanchieren, kalt abschrecken. Champignons blättrig schneiden. Zwiebel würfeln und mit Pilzen in 1 EL Öl anbraten. Tofu stifteln und zugeben. Mit Orangensaft ablöschen, würzen und einköcheln. Erdnüsse klein hacken und unterrühren.

Mangoldblätter füllen und zusammenrollen. Feuerfeste Form einfetten, Päckchen hineinlegen, Butterflöckchen aufsetzen und im vorgeheizten Backofen bei 180 °C 20–30 Min. schmoren.

Dazu paßt Tomatensauce .

Mangold mit Pfirsich

- *400 g Mangold*
- *2 Schalotten*
- *1 EL Öl*
- *Pfeffer, Salz*
- *1 Msp. Curry*
- *1 Zitrone*
- *100 ml süße Sahne*
- *2 Pfirsiche*
- *Butterschmalz*

Mangold putzen und in schmale Streifen schneiden. Schalotten schälen, in Ringe schneiden und im Öl mit dem Mangold anbraten. Würzen und mit Zitronensaft ablöschen. Sahne angießen und 5 Min. einköcheln.

Pfirsiche schälen, halbieren, entkernen und in 3 mm dicke Scheiben schneiden. Obst unter das Gemüse mischen.

Tipp: Probieren Sie dieses fruchtige Gemüserezept als Füllung von dünn ausgebackenen Crêpes.

Paprika

Vitamin C und E, Provitamin A, Kalium, Ballaststoffe

Rot, grün, gelb und manchmal sogar orange oder schwarzviolett glänzen reife Paprika auf dem Markt. Am Strauch sind alle Sorten zunächst grün; sie verfärben sich während des Reifens.
Kolumbus hielt die Sträucher auf seiner zweiten Amerikareise (1493–1496) in der Karibik für eine indische Pfeffersorte. Erst spätere Züchtungen erzielten den lieblichen Geschmack. Ungarn entwickelten den Gemüsepaprika.

Gesund mit Genuss

In Paprikaschoten stecken Bioflavone – Pflanzenfarbstoffe, die die Durchblutung stärken und das Blut reinigen. Sie verhindern Blutverdickungen und beugen Herzinfarkt bzw. Schlaganfall vor. Sie schützen vor Infektionen und bekämpfen Viren wie Bakterien. Mit Vitamin C wirken sie als Antioxidantien; d. h., sie verhindern das Eindringen der gefährlichen freien Radikale in die Zellen. Das ist Schutz vor Hautalterung und Krebs! Bioflavone und Vitamin C erhalten Sie im Sommer mit Paprika, schwarzen Johannisbeeren, Hagebutten, Himbeeren, Heidelbeeren, Brombeeren, Kirschen.

Paprika einkaufen und zubereiten

Frischesignal	glänzende Haut, keine Druckstellen, saftige Schnittflächen
Lagerung	2–4 Tage, im Gemüsefach des Kühlschranks, dunkel
Verarbeitung	nicht lange wässern, weiße Innenhäute und Kerne entfernen; roh oder garen; eingeölt grillen; häuten: im Backofen bei Oberhitze 15–20 Min. im Ganzen backen, bis die Schale Blasen wirft, mehrfach wenden, vom Stielansatz nach unten abziehen
Vorsicht	Haut ist schwer verdaulich; grüne Paprika schmecken herber, rote süßlicher

Gemischte Paprika

- *2 rote Paprika*
- *1 grüne Paprika*
- *1 gelbe Paprika*
- *2 Zwiebeln*
- *2 EL Olivenöl*
- *Pfeffer, Salz*
- *2 Thymianzweige*

Paprika putzen, in 3–4 cm breite Streifen teilen. Zwiebeln in dünne Ringe schneiden. Öl in einer großen Pfanne erhitzen, Gemüse zusammen anbraten, würzen, abdecken und 5–7 Min. dünsten. Bissfest und mit Thymianblättern bestreut servieren.

Zu dieser italienischen Vorspeise passt Weißbrot. Als Beilage schmecken gedünstete Paprika lecker zu Geflügel, Lamm oder Fisch.

Paprika mit Frischkäse

- *2 rote Paprika*
- *2 grüne Paprika*
- *150 g Frischkäse*
- *150 g Quark*
- *1 Zitrone*
- *1 Knoblauchzehe*
- *1 Bund Schnittlauch*
- *½ TL Paprika*
- *½ TL Kümmel*

Paprika häuten (s. S. 62) und vierteln. Frischkäse und Quark mit Zitronensaft glattrühren. Knoblauch schälen und zerpressen. Schnittlauch in Röllchen schneiden. Alles mischen und würzen.

Je 1 EL Käsemasse in einen Paprikastreifen streichen, aufrollen und ev. mit Zahnstocher fixieren.

Paprikaröllchen schmecken solo als Vorspeise und passen auf jedes Sommerbuffet.

Gefüllte Paprika mit Hirse

- *200 g Hirse*
- *500 ml Gemüsebouillon*
- *4 rote Paprika*
- *1 grüne Paprika*
- *1 gelbe Paprika*
- *1 Zwiebel*
- *1 TL Olivenöl*
- *1 Bund Oregano*
- *1 getr. Chili, Salz*
- *Butter*

Hirse in Gemüsebouillon 5 Min. kochen und 15–20 Min. bei milder Hitze abgedeckt ziehen lassen.

Rote Paprika waschen, am Stielansatz Deckel abschneiden, vorsichtig Kerne und weiße Häute aus dem Innern entfernen.

Grüne und gelbe Paprika putzen und in kleine Würfel schneiden. Zwiebel würfeln, in Öl anbraten, Paprikawürfel und Oreganoblättchen zufügen. Klein gehackte Chili unterrühren, salzen.

Hirse und Gemüse mischen, in die roten Paprika füllen. In eine eingefettete Form setzen und auf mittlerer Schiene bei 200 °C 40 Min. backen.

Ungarischer Lecsó

- *3 rote Paprika*
- *3 grüne Paprika*
- *4 Zwiebeln*
- *4 Tomaten*
- *200 g durchwachsener, geräucherter Speck*
- *2 Msp. Cayennepfeffer*
- *½ TL Paprika, Salz*

Paprika putzen und in schmale Streifen schneiden. Zwiebeln in Ringe schneiden. Tomaten abziehen und achteln. Speck in dünnen Streifen in einer heißen Pfanne auslassen. Zwiebelringe darin anbraten, Paprikastreifen zufügen und würzen. Abgedeckt 10 Min. dünsten, gelegentlich Pfanne rütteln. Tomaten untermischen, noch 5 Min. garen.

Zu dieser ungarischen Spezialität passen Debrecziner Würstchen und Bauernbrot.

Tomaten

Vitamin A und C, Folsäure, Kalium, Magnesium

Beim Bummel über den Wochenmarkt leuchten die roten Tomatenberge von Juli bis September, und die prallen Früchte verlocken zum Kauf. Wer Tomaten im Garten oder auf dem Balkon anbaut, kennt ihren intensiven Duft. Wählen Sie zwischen saftigen Strauch- und riesigen Gemüsetomaten mit wenig Kernen. Probieren Sie im Hochsommer die süßlichen Eiertomaten oder die geschmacksintensiven Cocktailtomaten. Gelbe Züchtungen setzen optische Signale.

Gesund mit Genuss

100 g rohe Tomaten enthalten etwa 95 % Wasser und schlagen lediglich mit 17 Kalorien zu Buche. Ihre Vitamine gelten als ideale Gegner der gesundheitsgefährdenden freien Radikale.

Cocktailtomaten enthalten bis zu 50 % mehr Vitamin C als ihre großen Verwandten.

Tomaten entwässern, reinigen den Darm und muntern psychisch auf! Sie schmecken zwar säuerlich, sind aber basisch.

Tomaten einkaufen und zubereiten

Frischesignal	glatte, glänzende Schale, keine grünen Stellen
Lagerung	3–4 Tage, nicht im Kühlschrank; separat, Tomaten bleichen andere Gemüse aus; auf der Fensterbank reifen grüne Früchte nach
Verarbeitung	roh oder kurz garen; eingeölt grillen; Stielansatz ausschneiden; bei Magen-Darm-Beschwerden schälen: kreuzweise einritzen, überbrühen, Schale abziehen
Vorsicht	grüne Tomaten und der Stielansatz enthalten wie Kartoffeln Solanin, ein giftiges Alkaloid, das unverdaulich ist. Schneiden Sie alles Grüne fort! Bei Neigung zu Nieren- und Gallensteinen wegen Oxalsäure verzichten

Tomaten trocknen

Eiertomaten waschen, vierteln, Stielansatz und Kerne entfernen, auf Backpapier ausbreiten und mehrere Stunden in die Sonne oder den Backofen (50 °C) legen. Ausgetrocknet sind sie pur oder in Öl haltbar.

Tipp: Getrocknete Tomaten sind die Alternative zu Gummibärchen und kalorienreichen Knabbereien.

Ketchup selbst herstellen

1 kg Tomaten mit 2 Peperoni und 2 Zwiebeln in 125 ml Essig 30 Min. mit etwas Majoran, Cayennepfeffer, Rosenpaprika, Salz und 2 geh.

EL braunem Zucker kochen. Durch ein Sieb streichen, abfüllen. Verschlossen ist der Ketchup zwei Monate haltbar.

Gebackene Tomaten

- *4 Sardellenfilets*
- *3 Schalotten*
- *4 EL Olivenöl*
- *2 EL Kapern*
- *1 Bund Blattpetersilie*
- *1 Bund Schnittlauch*
- *6 geh. EL Semmelbrösel*
- *Paprika, Salz*
- *8 Tomaten*

Sardellenfilets wässern. Schalotten fein würfeln, im Öl anbraten. Kapern, abgezupfte Petersilie und Schnittlauchröllchen zugeben. Sardellen klein hacken und mit Semmelbröseln unterrühren, würzen.

Tomaten häuten, in eine feuerfeste Form setzen und mit der Semmelbröselmasse begießen. Bei 180 °C auf mittlerer Schiene 20 Min. backen.

Brotsalat mit Tomaten und Schafskäse

- *8 dicke Scheiben altbackenes Vollkornbrot*
- *4 EL Olivenöl*
- *2 Knoblauchzehen*
- *500 g Cocktailtomaten*
- *2 Zitronen*
- *1 TL Senf, Pfeffer*
- *1 Bund Minze*
- *300 g Schafskäse*

Brotscheiben würfeln, in 2 EL heißem Öl mit den ganzen, geschälten Knoblauchzehen anbraten. Tomaten waschen, halbieren und vom Stielansatz befreien.

Aus Zitronensaft, dem restlichen Öl, Senf und Pfeffer eine Vinaigrette rühren. Knoblauch aus der Pfanne fischen. Brot und Gemüse mischen, Vinaigrette darüber gießen, mit Minzblättern und Schafskäsewürfeln bestreuen.

Tomatensuppe

- *750 g Eiertomaten*
- *4 Schalotten*
- *1 EL Olivenöl*
- *750 ml Gemüsebouillon*
- *Pfeffer, Salz*
- *1 Lorbeerblatt*
- *2 säuerliche Äpfel (Boskop, Jonagold)*
- *1 Bund Basilikum*
- *125 g Mozzarella*

Tomaten häuten, entkernen, grob zerschneiden. Schalotten schälen, würfeln und im Öl anbraten. Tomaten und Bouillon zugeben, würzen und mit dem Lorbeer 15 Min. köcheln.

Äpfel schälen, halbieren, Gehäuse ausschneiden und in die Suppe geben, Lorbeer entfernen, pürieren und abschmecken.

Basilikumblätter abzupfen, waschen und grob hacken. Mozzarella in kleine Würfel schneiden. Mischen und 1 geh. EL auf jeden gefüllten Suppenteller geben.

Sommerfrüchte

Sommer ist Beerenzeit: pralle Brombeeren, die letzten Erdbeeren und erste Himbeeren, Heidelbeeren, rote Rispen mit Johannisbeeren und knallgrüne Stachelbeeren. Zusammen zaubern sie ein Farbenmeer auf den Markt und wecken Appetit. Jetzt wird Marmelade eingekocht! Zu den Beeren gesellen sich dunkle Süßkirschen und gelbrote Sauerkirschen, Pfirsiche oder Nektarinen, Aprikosen und Mirabellen. Ab August kommen die ersten einheimischen Äpfel ins Angebot. Vorsicht: Bei Früchten schlägt heute die Chemie zu. Kaufen Sie Ihr Obst auf Bauernmärkten, deren Erzeuger garantiert nicht spritzen.

Gesund mit Genuss

Befindet sich Vitamin C aus frischen Früchten im Körper, wird anschließend das Eisen aus grünem Gemüse und Fleisch besser aufgenommen. Kombinieren Sie Vorspeisen und Salate mit Vitamin-C-reichen Beeren – am besten schwarzen Johannisbeeren. Ein Beerentag liefert reichlich Vitamin C, reinigt den Organismus, entschlackt und lässt die Pfunde purzeln.

Bei Durchfall bindet das Pektin der Äpfel die Krankheitserreger. Schmerzt der Hals, lindert warmer Brombeersaft Husten und Heiserkeit.

Himbeerkonfitüre mit Kokos

- *1 kg Himbeeren*
- *500 g Gelierzucker Extra (2:1)*
- *1 Zitrone*
- *50 g Kokosraspeln*

Himbeeren mit Zucker erhitzen, Zitronensaft und Kokos unterrühren, 5 Min. kochen und in heiß ausgespülte Gläser füllen.

Aprikosen-Kaltschale

- *800 g Aprikosen*
- *100–150 g Zucker*
- *1 EL Vanillezucker*
- *1 unbehandelte Zitrone*
- *1 Bund Minze*

3 Aprikosen aufschneiden und zur Dekoration beiseite legen. Übrige Früchte halbieren und entsteinen. Zusammen mit 50 g Zucker und Vanillezucker im Mixer pürieren.

Zitrone heiß abwaschen, hauchdünn schälen und Schale in 500 ml Wasser mit dem restlichen Zucker auskochen. Die Menge des Zuckers ist vom Geschmack abhängig.

Minzblätter waschen und abzupfen, unter das Fruchtmus ziehen. 3 Aprikosen entkernen und in dünne Halbmonde schneiden.

Zuckerwasser abkühlen, Zitronenschale herausfischen und in das Fruchtmus einrühren. Mit den Fruchtscheiben fächerförmig dekorieren.

Sommerfrüchte einkaufen und zubereiten

	ÄPFEL
Frischesignal	festfleischig, tiefer Einschnitt am Stiel, keine Druckstellen, glänzende Kerne
Lagerung	dunkel, kühl und luftig, im Keller
Verarbeitung	ungeschält waschen; grüne Äpfel entsaften, Kuchen, Kompott, Gelee, trocknen
	APRIKOSEN / MIRABELLEN
Frischesignal	feste Schale, gibt auf Druck leicht nach, keine weichen Dellen, Kern löst sich gut; aromatischer Duft
Lagerung	2–4 Tage kühl
Verarbeitung	roh, Torten, Konfitüre, Kompott, trocknen
	BEEREN
Frischesignal	leuchtende Farbe, intensiver Duft
Lagerung	sofort roh essen oder verarbeiten
Verarbeitung	roh, Himbeeren nicht waschen, Torten, Marmelade, entsaften
	KIRSCHEN
Frischesignal	pralle Schale, dunkle Exemplare enthalten mehr Mineralien
Lagerung	2–4 Tage separat
Verarbeitung	roh, Kuchen, Marmelade, Kompott, entsaften
	PFIRSICHE / NEKTARINEN
Frischesignal	samtig weiche bzw. glatte Haut, keine Druckstellen, weich; aromatischer Duft
Lagerung	1–2 Tage
Verarbeitung	roh, dünsten, Torten, Konfitüre, Kompott

Karamellisierte Äpfel

- *4 Äpfel (Cox Orange)*
- *1 Orange*
- *4 EL Zucker*
- *2 geh. EL Mandelblättchen*
- *100 ml Apfelsaft oder 50 ml Calvados plus ½ Orange*

Äpfel schälen, halbieren, entkernen und in 5 mm dicke Scheiben schneiden. Mit Orangensaft beträufeln. Zucker in einem Topf erwärmen, ohne dass er braun wird. Obstscheiben dazugeben und unter Rühren mit flüssigem Zucker überziehen. Saft oder Calvados plus Orangensaft angießen, Flüssigkeit 2–5 Min. einkochen und servieren.

Mit Mandelblättchen dekorieren. Dazu schmeckt Eis.

Pfirsich-Melba

- *2 Pfirsiche*
- *100 g Zucker*
- *250 g Himbeeren*
- *1 Zitrone*
- *2 geh. EL Puderzucker*
- *1 Packung Vanilleeis (300 g)*
- *200 ml süße Sahne*

Pfirsiche halbieren, entkernen und schälen. Aus Zucker und 250 ml Wasser Sirup kochen, darin die Pfirsichhälften 5–8 Min. garen. Himbeeren mit Zitronensaft und Puderzucker erwärmen, passieren. Obst abkühlen.

Der Küchenchef des Londoner Claridge Hotels, Auguste Escoffier, richtete für die Sängerin Nellie Melba eine Pfirsichhälfte auf Vanilleeis an, überzog sie mit Himbeerpüree und dekorierte mit gesponnenem Zucker.

Rote Grütze

- *250 g Johannisbeeren*
- *1 Zitrone*
- *100 g Zucker*
- *2 geh. EL Speisestärke*
- *250 g Himbeeren*

Johannisbeeren mit dem Saft der Zitrone und Zucker aufkochen, ev. durch ein Sieb streichen. Stärke mit 3–4 EL Wasser kalt anrühren. Obstsaft aufkochen, Stärke gut darin verrühren, 3 Min. kochen. Himbeeren unterrühren und in eine Glasschüssel füllen. Kühl stellen.

Traditionell gehört in Ostfriesland flüssige, süße Sahne oder Vanillesauce zur roten Grütze.

Beerenschnitten mit Blätterteig

- *1 Paket Blätterteig (Tiefkühl)*
- *2 Eigelbe*
- *200 ml süße Sahne*
- *2 gestr. EL Zucker*
- *500 g Beeren*
- *Puderzucker*
- *2 geh. EL Mandelblättchen*
- *1 geh. EL Pistazien*

Blätterteig antauen, dünn ausrollen, 12 Rechtecke (3 x 6 cm) mit Teigroller abteilen, mit Eigelb bestreichen und bei 200 °C im Backofen 12 Min. goldbraun backen.

Sahne mit Zucker steif schlagen. Beeren waschen.

Drei Teigscheiben abwechselnd mit Sahne und frischen Beeren aufschichten, mit Puderzucker, einzelnen Beeren, Mandelblättchen und zerstoßenen Pistazien dekorieren.

Kirschsaft

- *2 kg Sauerkirschen*
- *150 g Zucker*
- *Mineralwasser*

Kirschen waschen, entsteinen, im Mixer mit Zucker pürieren und einmal aufkochen. Abkühlen und mit Mineralwasser auffüllen.

Leber Berliner Art

- *600 g Kalbsleber*
- *150 ml Milch*
- *2 Zwiebeln*
- *3 säuerliche Äpfel (Cox Orange)*
- *1 Zitrone*
- *1 EL Öl*
- *Pfeffer, Salz*

Leber ungewaschen in Streifen schneiden und in Milch legen. Zwiebeln schälen und in Ringe teilen. Äpfel schälen, halbieren, Gehäuse entfernen und in dünne Scheiben schneiden. Sofort mit Zitronensaft beträufeln.

Zwiebeln im Öl anbraten, abgetropfte Leber zugeben, unter Rühren kurz anbraten. Apfelscheiben auf das Fleisch legen, noch 2–3 Min. garen, würzen und servieren.

Die Berliner lieben Kartoffelpüree zu ihrer fruchtigen Leberversion.

Erntefrisch

im Herbst

23. September – Tagundnachtgleiche – Herbstbeginn

Herbst heißt Pilzzeit. Je feuchter der September, umso stattlicher sprießen die braunen Köpfe aus Wald- und Wiesenboden. Wer sich in der Natur nicht auskennt, greift auf dem Markt zu. Steinpilze locken die Gourmets. Goldgelbe Pfifferlinge zwingen zur Entscheidung: Pur braten oder in Sahne? Beides verspricht Tafelfreuden.

Zwar ist Anfassen am Marktstand verboten, doch Riechen ist erlaubt. Und der Geruch sagt viel über Frische: Pilze müssen erdig, ein wenig moderig riechen. Wild wachsende Pfifferlinge und Steinpilze bringen Waldduft in die Stadt. Ihr Aroma entfaltet sich am besten bei schlichter Zubereitung. Vielfältig einzusetzen sind Champignons oder die geschmacksintensiveren, braunen Egerlinge – auch Steinchampignons genannt. Sie sind rund um den Globus beliebt.

Zu den Pilzen gesellen sich jetzt die Kürbisse. Von Sonnengelb bis Rotorange und Grün reicht das Farbenspiel. Ihr Geschmack ist lieblich bis kräftig. Wählen Sie zwischen traditionellen und modernen Rezepten, und lassen Sie mutig der Phantasie ihren Lauf.

Teltower Rübchen liebte im Herbst schon Goethe, kein Kostverächter. Das rundliche Gemüse geriet in Vergessenheit, doch verspricht ein kulinarischer Rückblick in die Rezeptbücher unserer Großmütter Leckeres. Probieren Sie sie frisch im September!

Eine herbstliche Beilage erhalten Sie mit Nüssen: knackige Haselnüsse, ungesalzene Erdnüsse, Para- oder Pekannüsse und selbstverständlich die edlen Walnüsse. Sie verfeinern Salate, verwandeln einfache Gerichte in delikate Speisen. Streuen Sie auch Sesam, Sonnenblumen- und Kürbiskerne oder Mandelsplitter auf Vorspeisen bzw. Gemüsegerichte.

Ernähren Sie sich nicht rein vegetarisch, braten Sie feiertags schussfrisches Wildgeflügel: Fasan, Rebhuhn, Wildente sind die Delikatessen des Herbstes. Auch das zarte, helle Kaninchenfleisch passt gut zu Roter Bete, Pilzen oder Zucchini.

Ist die Zeit der Birnen reif, probieren Sie Gute Luise, eine grüne Frucht mit roten Bäckchen und festem Fleisch, oder Williams Christ. Es müssen nicht immer Trauben zum Käse sein. Weiche Birnenscheiben mit Gorgonzola sind rasch überbacken; das Dessert krönt jedes Menü.

Das Herbstfest

Buffet zwischen Tradition und Moderne

Herbst bedeutet auf den Feldern Reife; was der Bauer im Frühling säte, wird nun geerntet. Das Erntedankfest findet traditionell Anfang Oktober statt, wenn die Ernte abgeschlossen ist. Es ist stets ein üppiges Fest, denn Getreide, Früchte und einzulagerndes Gemüse sind nun im Übermaß vorhanden. Neben Ähren und frischen Broten liegen Kürbisse und Herbstfrüchte auf den Altären.
In England und Nordamerika ist Thanksgiving ohne Kürbis nicht denkbar. Pumpkin Pie, eine Kürbistorte, wird gebacken. Auch ist es in angloamerikanischen Ländern üblich, am Tag vor Allerheiligen (1. November) Halloween zu feiern: Jetzt schnitzen Kinder Fratzen in ausgehöhlte Kürbisse. Mit einer Kerze stellen sie die orangefarbenen Köpfe in die Fenster. Sie sollen böse Geister vertreiben.
Feiern Sie Ihr individuelles Erntefest, und laden Sie zum herbstlichen Büfett oder Brunch. Die letzten frischen Früchte des Jahres sind eine Feier wert. Alle Gerichte sind für vier Personen berechnet, können aber problemlos hochgerechnet werden.

Pilze mit Estragon

- *500 g gemischte Pilze*
- *½ Petersilienwurzel*
- *1 Karotte*
- *1 EL Butterschmalz*
- *Pfeffer, Salz*
- *1 Bund Estragon*
- *2 Zitronen*

Pilze putzen und in dünne Scheiben schneiden. Petersilienwurzel und Karotte putzen, fein reiben.
Gemüse im heißen Butterschmalz kurz anbraten, die Pilze dürfen kein Wasser ziehen. Würzen, Estragonblättchen unterrühren und mit Zitronensaft ablöschen.
Das Gemüse soll Biss haben.

Kürbispastete

- *700 g Butternusskürbis*
- *2 cm Ingwer*
- *½ TL gem. Zimt*
- *½ TL gem. Kardamom*
- *Pfeffer, Salz*
- *2–3 Grapefruit*
- *1 Paket Blätterteig (Tiefkühl)*
- *2 Eigelbe*

Kürbis putzen, würfeln, mit geriebenem Ingwer und Gewürzen im Saft von 1–2 Grapefruit 30 Min. weich kochen. Eine Grapefruit filetieren und in die Kürbismasse rühren.
Je 2 Blätterteigstücke zusammen ausrollen, Kürbismasse 1 cm hoch darauf verteilen, einrollen und Ränder festdrücken. Teigreste für Rauten- oder Sternmuster auf der Oberseite verwenden. Mit Eigelb bestreichen und im vorgeheizten Backofen bei 180 °C auf mittlerer Schiene goldbraun backen. In 3 cm breite Stücke aufschneiden.
Die Pastete lässt sich gut vorbereiten und schmeckt auch lauwarm.

Fasan mit Weintrauben

- *2 küchenfertige Fasane*
- *Pfeffer, Salz*
- *1 TL getr. Thymian*
- *4–6 große Scheiben*

weißer, geräucherter Speck
- *3 EL Öl*
- *2 Zwiebeln*
- *1 Karotte*
- *125 ml Weißwein*
- *250 ml Bouillon*
- *200 g helle Weintrauben*

Fasane waschen, abtupfen, innen salzen, außen pfeffern und mit Thymian einreiben. Beine kreuzen, Flügel andrücken, mit Speck umwickeln. Küchenzwirn hält sie zusammen.

Öl in einem Bräter erhitzen, im Backofen bei 220 °C Geflügel mit grob zerhackten Zwiebeln und Karotte von allen Seiten 10 Min. anbraten, immer wieder mit herabtropfendem Fett bepinseln. Bei 200 °C weitere 20–30 Min. braten.

Speck abnehmen, noch einmal pfeffern und bei Oberhitze 5 Min. braun braten. Geflügel warm stellen. Vor dem Servieren mit Geflügelschere vierteln.

Fett abgießen, mit Wein und Bouillon Bratensatz auf der Herdplatte 10 Min. losköcheln. Abschmecken und passieren. Gewaschene, halbierte sowie entkernte Trauben zugeben. 3 Min. bei reduzierter Hitze simmern. Fleisch nicht in der Sauce warm halten, sonst wird die Haut matschig.

Alternativ zu den Fasanen bereiten Sie 4 Rebhühner oder 3 Wildenten für 4 Personen auf die gleiche Art in etwa 20 Min. zu. Dazu schmeckt Sellerie-Kartoffel-Püree, Zucchini- bzw. Topinambur-Rösti (Rezepte Seite 99, 121).

Tipp: Junge Fasane garantieren zartes Fleisch. Ihr Kampfsporn muss noch ganz klein sein, und ihr Brustbein gibt auf Druck nach. Weibliche Exemplare sind ergiebiger. Schrotkugeln deuten auf den Wildfasan; fad schmeckende Zuchtfasane weisen keine Schusslöcher auf.

Quittengelee

- *6 reife Quitten*
- *1 Zitrone*
- *1 cm Ingwer*
- *200 g Zucker*
- *Puderzucker*

Quitten halbieren, Gehäuse entfernen, schälen und würfeln. In 40 Min. in wenig Wasser mit Zitronensaft und fein geriebenem Ingwer weich kochen, pürieren.

Obstpüree mit Zucker erhitzen, 20 Min. einköcheln. Hohes Blech mit Backpapier auslegen, Masse 2 cm hoch eingießen, erkalten lassen. Rechteckige Würfeln schneiden, vom Papier abziehen und Puderzucker darüber sieben.

Zu einem Herbstbuffet mit Fasan passt kühler Primeur, kurz nach der Gärung abgefüllter, französischer Rotwein. Ein origineller Aperitif besteht im Herbst aus 80 ml frischem Apfelsaft, 10 ml Calvados, je 1 Spritzer Orangen- und Zitronensaft pro Glas.

Rote Bete

Vitamin C, Folsäure, Eisen, Kalium, Magnesium, Ballaststoffe

Rund, prall und saftig müssen die Knollen sein. Ihr unscheinbares Braun verrät am Marktstand das Rotviolett im Innern kaum. Doch gerade diese Farbe und der süßliche Geschmack bestimmen den Charakter des Gemüses. Sauer eingelegte Konservenkost lässt das nicht ahnen. Nehmen Sie die Blätter mit; sie werden wie Mangold zubereitet.

Gesund mit Genuss

Rote Bete enthält wie Paprika Bioflavone, die die Durchblutung stärken und das Blut reinigen. Sie schützen vor Infektionen und bekämpfen Krankheitserreger. Zusammen mit Vitamin C wirken Bioflavone als Antioxidantien. Bereiten Sie Rote Bete mit Zitrusfrüchten zu. Rote-Bete-Saft ist der Naturheiler bei Erkältung und Grippe.

Rote Bete einkaufen und zubereiten

Frischesignal	glatte Haut, grünrote Blätter, rotvioletter Stiel; kleine Exemplare schmecken zarter
Lagerung	2–4 Tage im Gemüsefach des Kühlschranks, dunkel, kühl
Verarbeitung	roh wegen Oxalsäure in der Schale großzügig schälen; gebürstet in der Schale im Backofen oder in wenig Wasser garen, Haut abziehen; geschält färbt Rote Bete beim Kochen aus
Vorsicht	Überdüngung der Böden verursacht hohen Nitratgehalt, daher selten roh essen; bei Neigung zu Nieren- und Gallensteinen wegen Oxalsäure verzichten; Rote Bete verfärbt Kunststoff- wie Holzbretter und die Hände

Rote Bete einlegen

1 kg Rote Bete, 2 Zwiebeln, 1 Bund Estragon, 500 ml milder Weißweinessig, 500 ml Wasser, 1 EL Pfefferkörner, 1 EL Paprika, 1 EL Salz: Rote Bete waschen, im Backofen bei 150 °C 40 Min. garen, schälen und in 1 cm dicke Stifte schneiden. Zwiebeln schälen und in dünne Scheiben schneiden. Gemüse mit den gewaschenen Kräuterblättern in Einmachgläser füllen. Essig, Wasser und alle Gewürze 10 Min. kochen, über das Gemüse gießen, abdecken. Lassen Sie die Rote Bete mind. 1 Woche ziehen.

Rote Butter

- *500 g Butter*
- *2 Msp. Salz*
- *1 kleine Rote Bete*

Butter 1 Std. bei Zimmertemperatur weich werden lassen. Rote Bete in der Schale 40 Min. im Backofen bei 150 °C garen, schälen und mit Salz pürieren. Mit einem Holzlöffel Butter rühren und Rote Bete unterziehen. Kalt stellen.

Gemüsebutter passt zu Kurzgebratenem, gegrilltem Fisch und gedünstetem Gemüse. Sie hält sich im Eisschrank 1 Woche und kann eingefroren werden.

Rote-Bete-Carpaccio

- *2–3 Rote Bete*
- *1 Schalotte*
- *2 EL Weißweinessig*
- *3 EL Kürbiskernöl*
- *Pfeffer, Salz, Anis*
- *2 EL Kürbiskerne*
- *1 Bund Schnittlauch*

Rote Bete waschen und fettfrei im Backofen 20 Min. bei 150 °C auf der mittleren Schiene garen. Schälen und in dünne Scheiben schneiden. Auf 4 Teller verteilen.

Schalotte schälen, fein reiben, mit Essig, Öl mischen und würzen. Vinaigrette über die Bete gießen, mit Kürbiskernen und Schnittlauchröllchen bestreuen.

Rote Kicher-erbsencreme

- 200 g Kichererbsen
- 2 Rote Bete
- 2 Knoblauchzehen
- Pfeffer, Salz, Kümmel
- 1–2 unbehandelte Orangen

Kichererbsen über Nacht lauwarm einweichen, 60 Min. weich kochen.

Rote Bete im Backofen bei 150 °C 40 Min. garen.

Gemüse mit abgezogenem Knoblauch pürieren, würzen. 1 TL abgeriebene Orangenschale und so viel frisch gepressten Orangensaft unterrühren, dass eine geschmeidige Creme entsteht. Die rote Creme ergibt auf geröstetem Brot eine farbenprächtige Vorspeise. Sie schmeckt auch zu rohem Staudensellerie oder Chicoréeblättern.

Rote-Bete-Salat mit Nüssen

- 3 Rote Bete mit Blättern
- 1 EL ÖL
- 1 Zitrone
- 1 Bund Minze
- 3 geh. EL Sprossen
- 2 Zwiebeln
- 2 EL Essig, 4 EL Öl
- Pfeffer, Salz, Kümmel
- 4 geh. EL entkernte Walnüsse

Blätter und Stiele abtrennen. Knollen waschen, im Backofen bei 150 °C 40 Min. garen. Abkühlen, pellen, klein würfeln. Blätter und Stiele waschen, in 1 cm schmale Streifen schneiden, in 1 EL Öl anbraten, mit Zitronensaft ablöschen und 5 Min. köcheln. Die Blätter sollen Biss behalten.

Minze waschen, trockenschütteln und abzupfen. Sprossen waschen. Zwiebeln schälen und in dünne Ringe schneiden. Alles mischen.

Aus Essig, Öl und Gewürzen eine Vinaigrette rühren, über das Gemüse gießen.

Dazu schmeckt grobes Vollkornbrot mit frischer Landbutter oder Käse.

Rote-Bete-Suppe

- 3–4 Rote Bete
- 100 ml süße Sahne
- 1 Orange
- 750 ml Gemüsebouillon
- Pfeffer, Salz
- 2 Msp. Nelkenpulver
- 150 g Austernpilze
- 1 EL Öl
- 1 Bund Schnittlauch

Rote Bete waschen und im Backofen bei 150 °C 40 Min. garen. Abziehen, pürieren und mit der Sahne sowie Orangensaft in die heiße Gemüsebouillon einrühren, abschmecken. 15 Min. köcheln. Mit dem Mixstab schaumig schlagen.

Pilze putzen, in Streifen schneiden, im sehr heißen Öl anbraten. Sie dürfen kein Wasser ziehen. Pilze und Schnittlauchröllchen vor dem Servieren aufstreuen.

Heringssalat

- *2 Rote Bete*
- *1 Zwiebel*
- *2 Äpfel (Goldapfel, Boskop)*
- *4 rohe Heringsfilets*
- *8 eingelegte Cornichons*
- *200 ml saure Sahne (20% Fett)*
- *Pfeffer, Salz*

Rote Bete waschen und 30 Min. in wenig Wasser nicht zu weich dünsten. Bete, Zwiebel und Äpfel schälen und grob reiben.

Heringe in schmale Streifen schneiden. Cornichons würfeln. Alle Zutaten mit der Sahne mischen und würzen. 1 Std. ziehen lassen.

Dazu schmeckt dunkel gebackenes Bauernbrot.

Rote-Bete-Hirsch-Topf

- *2–3 Rote Bete*
- *2 Zwiebeln*
- *600 g Hirschgulasch*
- *1 EL Öl*
- *250 ml Wildfond (Ersatz: Gemüsebouillon)*
- *Pfeffer, Salz, Paprika*
- *1 geh. TL Wacholderbeeren*
- *150 ml saure Sahne (20 % Fett)*
- *1 Bund Schnittlauch*

Rote Bete bürsten und im Backofen 20 Min. vorgaren. Schälen und klein würfeln. Zwiebeln schälen und würfeln. Hirschgulasch von Sehnen oder Fett befreien.

Zwiebeln im Öl anbraten, Fleisch zugeben und unter Rühren braun braten. Mit Fond ablöschen, würzen und mit Wacholderbeeren 40 Min. köcheln.

Rote Bete zugeben und weitere 15–20 Min. simmern. Sahne einrühren und mit Schnittlauchröllchen bestreut auftischen.

Zum Wildgulasch schmecken Petersilienkartoffeln von den jetzt frischen Bamberger Hörnchen, Sellerie-Kartoffel-Püree oder Klöße.

Chinakohl

Vitamin C, Folsäure, Eiweiß

Mit dem Boom der chinesischen Küche schwappte der Chinakohl nach Mitteleuropa. In seiner Heimat prägt er die kantonesische Küche – Kanton ist eine Provinz im Südosten Chinas, wo dies Gemüse seit dem 5. Jahrhundert angebaut wird. Die zarten, doch knackigen Blätter avancieren im Oktober und November zu Lieblingen der schnellen Küche.
Chinakohl ist leicht verdaulich, geschmacksarm und dadurch vielfältig zu kombinieren. Wer intensiven Kohlgeschmack nicht schätzt, findet in Chinakohl eine vitaminreiche Alternative.

Fruchtiger Chinakohlsalat

- *1 kleiner Chinakohl*
- *½ Ananas*
- *1 Orange*
- *2 geh. EL Rosinen*
- *2 Zitronen*
- *4 EL Öl*
- *Pfeffer, Salz, Curry*
- *1 Bund Schnittlauch*

Chinakohl putzen und in sehr feine Streifen schneiden. Ananas und Orange schälen, Ananas in Stücke, Orange in Filets aufteilen. Alles mit Rosinen mischen. Aus Zitronensaft, Öl, Gewürzen und Schnittlauchröllchen eine Vinaigrette rühren. Über den Salat gießen und 30 Min. ziehen lassen.

Chinakohl einkaufen und zubereiten

Frischesignal	weißlich-hellgelb oder grün, feste, gekräuselte, oben geschlossene Blätter, helle Schnittfläche
Lagerung	feucht eingeschlagen 2–4 Tage im Gemüsefach des Kühlschranks
Verarbeitung	äußere Blätter wegwerfen; Blätter von außen abnehmen statt halbieren; roh oder 5–8 Min. garen
Vorsicht	schrumpft beim Garen wie Spinat und Mangold

Kohlsuppe mit Hühnerfilet

- *1 kleiner Chinakohl*
- *2 Stangen Staudensellerie mit Grün*
- *2 Hühnerbrustfilets am Knochen*
- *1 Zwiebel*
- *1 EL Öl*
- *1 EL Sojasauce*
- *2 cm Ingwer*
- *750 ml Hühnerbouillon*

Chinakohl und Staudensellerie putzen und in schmale Streifen schneiden.
Zwiebel schälen und würfeln, in einem hohen Topf im Öl glasig anbraten. Mit Sojasauce ablöschen und mit fein geriebenem Ingwer würzen. Bouillon angießen, Sellerie und Fleisch zugeben, 20 Min. köcheln. Chinakohl zufügen, weitere 10 Min. garen. Filets vor dem Servieren vom Knochen lösen und in Scheiben schneiden. Mit gehacktem Selleriegrün bestreuen.

Chinakohlrouladen

- *1 großer Chinakohl*
- *250 g Champignons*
- *1 Zwiebel*
- *1 Petersilienwurzel*
- *Öl*
- *150 g Quark*
- *2 EL Mandelsplitter*
- *Pfeffer, Salz*
- *Butter*
- *8 große Chinakohlblätter*

Die Chinakohlblätter 2 Min. blanchieren. Übriges Gemüse putzen und klein hacken. Zusammen in 1 EL Öl anbraten.
Quark glatt rühren, mit Gemüse mischen, Mandelsplitter unterrühren und würzen. Je 2 EL der Masse auf ein Kohlblatt setzen. Längsseiten einschlagen und aufrollen. Ev. mit Holzspießen fixieren.
Rouladen in eine eingefettete, feuerfeste Form legen, Butterflöckchen aufsetzen, bei 200 °C im Backofen auf mittlerer Schiene 20 Min. garen. Abdecken, wenn sie zu braun werden.
Dazu passen eine Sauce aus frischen Tomaten, Kürbis oder Roter Bete und Reis.

Gefüllter Chinakohl

- *1 Chinakohl*
- *200 g gekochter Schinken*
- *200 g aufgeschnittener Emmentaler*
- *Pfeffer*

Äußere Kohlblätter entfernen, Ansatz gerade schneiden und 5 Min. im Ganzen blanchieren. Gut abtropfen, Blätter auseinander biegen und abwechselnd Schinken und Käse zwischen die Kohlblätter schichten, pfeffern. Kohl mit Küchenzwirn zusammenbinden; im Wasserdampf 40 Min. garen.
Dazu passen Sauce hollandaise und Petersilienkartoffeln (Bamberger Hörnchen). Vegetarier nehmen geräucherten Tofu statt Schinken.

Fenchel

Provitamin A und C, Folsäure, Eisen, Kalium, Kalzium, Ballaststoffe

Weiß-grüner Fenchel ist der Hit der Herbstmärkte. Bei Asiaten, Arabern und den Mittelmeervölkern war er früh bekannt und wurde medizinisch genutzt: Sein Vitamin C hilft bei Erkältungen. Auch bei Magen-Darm-Beschwerden ist Fenchel der geeignete Naturheiler. Sein Samen enthält wertvolle ätherische Öle, erinnert an Anis und passt in Gemüse- oder Fischgerichte.

Fenchelsalat

- *2 Fenchelknollen*
- *1 Karotte*
- *1 Apfel*
- *2 Orangen*
- *200 g Weintrauben*
- *2–3 EL Nussöl*
- *1 TL Fenchelsamen*
- *Pfeffer*
- *2 geh. EL Erdnüsse*

Gemüse putzen. Fenchel in schmale Streifen, Karotte und geschälten Apfel in dünne Stifte schneiden. 1 Orange filetieren. Weintrauben halbieren und entkernen. Alles mischen.

Aus dem Saft der zweiten Orange, Öl und zerstoßenen Gewürzen eine Vinaigrette rühren, über den Salat gießen. Mit zerhackten Erdnüssen bestreuen.

Fenchel einkaufen und zubereiten

Frischesignal	feste Knolle, weiß, grüne Spitzen mit Grün, keine braunen Stellen; Florentiner Fenchel besonders zart
Lagerung	2–4 Tage in Papier, dunkel, die Knollen sind frostempfindlich
Verarbeitung	Wurzelbereich und obere Enden abschneiden, äußere Schalen putzen, Fäden vom Boden Richtung Stiele abziehen; roh raspeln oder garen, Kraut und Kochwasser mitverwenden; plus Fett
Vorsicht	nicht aufwärmen wegen Nitrat; bei erhöhter Magensäure verzichten

Fenchelsuppe

- *3 Fenchelknollen*
- *2 mehlig kochende Kartoffeln*
- *4 Schalotten*
- *2 EL Öl*
- *1 TL Fenchelsamen*
- *750 ml Gemüsebouillon*
- *100 ml Weißwein*
- *Pfeffer, Salz*
- *150 g Sahnejoghurt*

Fenchel putzen. Kartoffeln und Schalotten schälen. Gemüse würfeln. Fenchelgrün hacken.

Schalotten im Öl mit dem Fenchelsamen glasig andünsten. Gemüse zugeben, unter Rühren anbraten, mit Bouillon sowie Wein ablöschen. Abschmecken und 30 Min. köcheln. Pürieren,

Joghurt einrühren, nicht mehr kochen! Mit Grün bestreut servieren. In der Suppe schätzen Fischfans Muscheln, Krabben oder Shrimps.

Fenchelgemüse mit Cassis-Sauce

- *3 Fenchelknollen*
- *1 kleiner Chinakohl*
- *½ TL Fenchelsamen*
- *Salz*
- *1 Zwiebel*
- *1 TL Öl*

Gemüse putzen, Fenchel vierteln, Chinakohl in 1 cm breite Streifen schneiden. Fenchel in wenig Salzwasser mit Fenchelsamen 10 Min. garen.

Chinakohl mit Zwiebelringen im Öl 5 Min. anbraten. Fenchel und Chinakohl sollen knackig bleiben.

- *3 Birnen (Gute Luise, Williams Christ)*
- *2 EL Zucker*
- *3 EL Cassis (Johannisbeerlikör)*
- *1 Zitrone, Pfeffer*

Birnen mit Zucker erhitzen, pürieren. Mit 3–5 EL Fenchelkochwasser verdünnen und einköcheln. Cassis unterrühren, mit Zitronensaft und Pfeffer abschmecken. Fenchel auf einem Bett von Chinakohlstreifen servieren, mit Cassis-Sauce überziehen.

Die Kinderversion gelingt mit Kirschsaft statt Cassis.

Fenchel in Sesamkruste

- *3 Fenchelknollen*
- *2 Eier*
- *Pfeffer, Salz*
- *Mehl*
- *6–8 geh. EL Sesam*
- *Butterschmalz*

Fenchel putzen und in 5 mm dicke Scheiben schneiden. 10 Min. in Salzwasser bissfest kochen.

Eier verquirlen und würzen. Feuchte Gemüsescheiben von beiden Seiten in Mehl, dann in Ei und in Sesam wälzen. Im heißen Butterschmalz goldbraun braten.

Fenchel-Ochsenschwanz-Topf

- *2 kleine Fenchelknollen*
- *2 Knoblauchzehen*
- *2 Tomaten*
- *1,5 kg Ochsenschwanz*
- *2 EL Öl*
- *250 ml Gemüsebouillon*
- *250 ml Rotwein*
- *1 Bund Thymian*
- *Pfeffer, Salz*

Fenchel putzen und klein würfeln. Knoblauchzehen abziehen und in Scheibchen schneiden. Tomaten häuten und grob würfeln.

Dicke Fettstücke vom Ochsenschwanz abschneiden. Stücke im heißen Öl von allen Seiten anbraten. Gemüse zugeben, mit Bouillon und Wein ablöschen. Abgezupften Thymian zufügen, würzen und 2–3 Std. auf kleiner Flamme simmern.

Ochsenschwanzstücke herausnehmen, Fleisch ablösen und mit dem Knochenmark in die Sauce geben. Umrühren, einmal aufkochen.

Kürbis

Vitamin A und C, Eisen, Kalium

Kürbisse sind Symbole einer üppig wuchernden Natur. Ihr Fruchtfleisch ist vielseitig zu verarbeiten und macht wenig Mühe. Faustregel: Je intensiver die Farbe, desto kräftiger der Geschmack. Gelbgrüner Markkürbis und der riesige Gartenkürbis liefern zartes Fruchtfleisch. Der ovale Spaghettikürbis ist faserig. Grüner oder oranger Moschuskürbis duftet aromatisch. Birnenförmiger Butternusskürbis ist weich; er schmeckt nach Nuss. Die handtellergroßen Patissons (Bischofsmützen) erinnern an Ufos; sie schmecken mild.

Kürbisgeschichte

Kürbis stammt aus Mittel- und Südamerika; einst war er neben Mais und Bohnen Hauptnahrungsmittel der Indianer. Kolumbus brachte die ersten Früchte nach Europa. Doch hier war Kürbis zunächst nicht geschätzt: 1802 bemerkte Friedrich Gottlieb Dietrich in seinem Kochbuch, Kürbisse werden vorrangig zur Viehmast verwendet.

Kürbis ist eng verwandt mit Zucchini, Gurke und Melone; botanisch betrachtet sind die Riesen Beeren. Getrocknete, ausgehöhlte Kürbisse dienen in manchen Ländern als Musikinstrumente oder Gefäße.

Kürbis einkaufen und zubereiten

Frischesignal	prall, druckfest; klingen hohl; verkalkter Stiel
Lagerung	dunkel, angeschnitten 2–4 Tage im Kühlschrank; ganz im Keller 4–6 Wochen
Verarbeitung	Fasern und Kerne entfernen, schälen; nicht roh, garen; eingeölte Scheiben grillen; Kerne in Öl oder Butter rösten

Gesund mit Genuss

Kürbisse enthalten wenig Fett, sind kalorienarm und gut verdaulich. Das Fruchtfleisch ist völlig säurefrei und daher Bestandteil von Entsäuerungsdiäten.

Das aus den Kernen des Riesenkürbis gepresste Öl schimmert grünlich, ist geschmacksintensiv und gesund: Es senkt mit mehrfach ungesättigten Fettsäuren den Cholesterinspiegel. Kürbiskernöl gilt als österreichische Spezialität und stammt meist aus der Steiermark.

Kürbis-Tomaten-Marmelade

- *700 g Riesenkürbis*
- *300 g Tomaten*
- *1 unbehandelte Zitrone*
- *4 cm Zimtstange*
- *500 g Gelierzucker Extra (2:1)*

Kürbis schälen, grob reiben. Tomaten schälen und pürieren. Zitrone heiß waschen und die Schale abreiben. Zitrone auspressen.

Gemüse mischen, Zitronensaft angießen, mit Zitronenschale und Zimt 20–30 Min. weich kochen. Zimtstange herausnehmen. Zucker zuschütten, 5 Min. kochen.

In heiß ausgespülte Gläser füllen.

Kürbis-Chips

- *500 g Gartenkürbis*
- *2 Eier*
- *Salz*
- *4 geh. EL Mehl*
- *6–8 geh. EL Semmelbrösel*
- *Öl oder hoch erhitzbares Pflanzenfett*

Kürbis schälen und in 2 mm dünne Scheiben schneiden. Eier verquirlen und schwach salzen.

Kürbisscheiben waschen, erst in Mehl, dann in Eiern und Semmelbröseln wenden. Im heißen Öl schwimmend ausbraten, bis die Panade knusprig ist. Sofort verzehren.

Nach Geschmack mit Salz oder Rosenpaprika bestreuen. Dazu passt angemachter Frischkäse mit Kräutern. Kürbis-Chips sind eine interessante Alternative zu Pommes frites.

Kürbiscremesuppe

- *4 Schalotten*
- *1 EL Kürbiskernöl*
- *1 kg Moschuskürbis*
- *750 ml Gemüsebouillon*
- *2 Msp. Muskat*
- *Pfeffer, Salz*
- *2 Orangen*
- *2 geh. EL Kürbiskerne*

Schalotten schälen und würfeln, in einem großen Topf im Öl anbraten. Kürbis putzen, schälen und würfeln, zugeben und unter Rühren anbraten.

Mit Bouillon ablöschen. Kräftig würzen, 30 Min. köcheln, pürieren und Saft der Orangen angießen. Mit Kürbiskernen bestreut servieren.

Süß-saures Kürbisgemüse

- *1 kg Gartenkürbis*
- *1 unbehandelte Zitrone*
- *2 cm Ingwer*
- *100 g Zucker*
- *250 ml Weißwein*
- *250 ml Wasser*
- *5 Nelken*
- *4 cm Zimtstange*
- *2 geh. EL Rosinen*

Kürbis schälen und würfeln. Zitrone abreiben. Ingwer schälen und reiben. Alle Zutaten mit Ausnahme der Rosinen erhitzen, weich kochen.

Nelken und Zimt herausfischen, Rosinen unterrühren und heiß in Einmachgläser füllen.

Das Gemüse schmeckt kalt und warm zu hellem Fleisch oder Fisch und Getreidegerichten.

Gefüllte Kürbisse

- *4 Patissons*
- *100 g Reis*
- *1 EL Öl*
- *1 Knoblauchzehe*
- *250 ml Gemüsebouillon*
- *½ TL Curry*
- *Pfeffer, Salz*
- *1 Zitrone*
- *Butter*

Kürbisse waschen, am Stielansatz Deckel abschneiden und aushöhlen. Fruchtfleisch von Fasern befreien, klein würfeln.

Reis im Öl glasig werden lassen, zerdrückte Knoblauchzehe und Kürbiswürfel zugeben, mit Bouillon ablöschen. 10 Min. köcheln; die Masse soll nicht breiig sein.

Würzen und mit Zitronensaft abschmecken. In die Kürbisse füllen und Butterflöckchen aufsetzen.

Im vorgeheizten Backofen bei 180 °C 30–40 Min. in einer eingefetteten, feuerfesten Form backen.

Die gefüllten Kürbisse sind eine leckere Beilage zu Kurzgebratenem oder gegrilltem Fisch. Sie passen auf jedes Herbstbuffet.

Kürbis-Spaghetti

- *1 kg Spaghettikürbis*
- *1 getr. Chili*
- *4 Knoblauchzehen*
- *4–6 EL Kürbiskernöl*
- *1 Bund Majoran (Ersatz: Blattpetersilie)*
- *Salz*
- *100 g Parmesan*

Kürbis waschen und im Ganzen je nach Größe 20–50 Min. kochen. Halbieren, Fasern mit einer Gabel herausziehen. Das spaghettiartige Fruchtfleisch auseinander ziehen.

Chili entkernen und in feine Streifen schneiden. Knoblauch in Scheibchen hacken. Öl mit Gewürzen erhitzen. Majoranblätter und Öl in einer Schüssel unter das Kürbisfleisch mischen und salzen. Mit reichlich frisch geriebenem Käse bestreut servieren.

Makkaroni mit Kürbissauce

- *500 g Riesenkürbis*
- *150 g durchwachsener, geräucherter Speck*
- *2 Schalotten*
- *Paprika, Pfeffer*
- *2 Lorbeerblätter*
- *ev. etwas Bouillon*
- *400 g Makkaroni*
- *Salz, 1 EL Öl*
- *50 g Pecorino (Schafskäse)*

Kürbis putzen, grob reiben. Speck in feine Streifen schneiden, in einem großen Topf auslassen, in Ringe geschnittene Schalotten darin anbraten. Kürbisfleisch zugeben, kräftig würzen und zugedeckt mit Lorbeer in 30 Min. weich dünsten. Ev. 1 Kelle Bouillon angießen. Der Kürbis soll zerfallen.

Makkaroni in reichlich kochendem Salzwasser mit Öl aufsetzen und in 10–12 Min. bissfest kochen.

Nudeln mit Kürbissauce mischen und in einer heißen Schüssel mit geriebenem Käse servieren.

Kürbistorte

- *100 g kalte Butter*
- *200 g Weizenmehl*
- *1 Ei*
- *50 g Puderzucker*

Butter in kleine Stückchen hacken, mit Mehl, Ei und Puderzucker verkneten. Teig im Kühlschrank 1 Std. ruhen lassen. Backofen vorheizen.

- *600 g Kürbis*
- *175 g Zucker*
- *200 ml Milch*
- *3 Eier*
- *2 Msp. Ingwerpulver*
- *2 Msp. Zimt*
- *2 Msp. Muskat*

Kürbis schälen, in dünne Scheiben schneiden und ausgebreitet im Backofen bei 200 °C 30 Min. weich backen. Pürieren, mit Zucker und Milch verrühren. Eier verschlagen und unterziehen, würzen.

Mürbeteig zwischen Klarsichtfolie ausrollen, in eine Tortenbodenform drücken, mit einer Gabel gleichmäßig einstechen und Kürbismasse darüber streichen. Im Backofen bei 180 °C 45–50 Min. backen.

Die in Amerika »Pumpkin Pie« genannte Torte wird mit Schlagsahne serviert.

Maronen

Vitamin C und E, Eisen, Kalium, Kalzium, Magnesium, Stärke

In der Antike besungen, im Mittelalter als Armen- oder Mastfutter degradiert – doch Maronen fanden auf die Festtafeln zurück. Traditionell werden Enten oder Gänse mit den süßlich-nussigen Früchten gefüllt. Aber auch solo bieten Esskastanien Genuss.

Maronen werden hauptsächlich in Süddeutschland angebaut; und hier finden Sie auch die kleinen Buden, in denen frisch geröstete Maronen während der kalten Jahreszeit angeboten werden.

Gesund mit Genuss

Heiße Maronen sind Nervennahrung. Bei Erschöpfug oder Nervosität schenken sie wieder Energie. Allerdings enthalten 100 g auch 200 Kalorien. Die Edel- oder Esskastanien sind basisch und wirken Übersäuerung entgegen.

Maronen einkaufen und zubereiten

Frischesignal	glänzende Schale; beste Qualität: handverlesene »Hammermaronen«
Lagerung	max. 1 Woche
Verarbeitung	Schale auf der runden Seite mit spitzem Messer einritzen, 15–20 Min. in Wasser kochen oder im Backofen bei 200 °C aufplatzen lassen (Vorsicht: Maronen springen!); Schale plus Haut abziehen
Vorsicht	Maronen, die im Topf auf dem Wasser schwimmen, sind wurmstichig; Maronen schälen erfordert Kraft; schwer verdaulich

Maronensuppe

- *500 g Maronen*
- *2 säuerliche Äpfel (Boskop, Jonagold)*
- *1 l Gemüsebouillon*
- *Pfeffer, Salz, Paprika*
- *1 geh. EL Hagebuttenmark*
- *2–3 EL süße Sahne*

Maronen im Backofen platzen lassen, schälen. Äpfel schälen, Gehäuse ausschneiden, in dicke Stücke schneiden. Gemüse und Obst in Bouillon 30 Min. weich kochen, pürieren. Würzen, Hagebuttenmark und Sahne einrühren.

Maronenpüree

- *500 g Maronen*
- *250 g Kartoffeln*
- *20 g Butter*
- *Salz, Zimt*

Maronen und Kartoffeln schälen, weich kochen, zusammen durch eine Kartoffelquetsche drücken. Butter in Stückchen einrühren, würzen. Ist das Püree zu fest, etwas heiße Milch zugeben. Maronenpüree ist eine delikate Beilage zu Wildgeflügel und Wild. Es lässt sich auch gut in Champignons füllen.

Gebratene Maronenfladen

- *1 kg Maronen*
- *3–4 Kartoffeln*
- *1 Zwiebel*
- *20 g Butter*
- *1 Bund Blattpetersilie*
- *Pfeffer, Salz, Muskat*
- *1–2 Zitronen*
- *ev. Semmelbrösel*
- *50 g hoch erhitzbares Pflanzenfett*

Maronen und Kartoffeln schälen, weich kochen. Durch eine Kartoffelquetsche drücken.

Zwiebel würfeln und in Butter anbraten. Petersilienblättchen und Gewürze zugeben, 1 Min. unter Rühren braten. Mit Zitronensaft ablöschen und unter das noch warme Gemüse rühren.

Kleine, knapp 2 cm dicke Fladen formen, ev. in Semmelbrösel wenden. Im heißen Fett ausbraten.

Dazu schmecken gemischte Salate oder Fruchtsaucen.

Maronensahne

- *500 g Maronen*
- *1 Vanillestange*
- *500 ml Milch*
- *3 EL Zucker*
- *200 ml süße Sahne*

Maronen schälen und mit ausgekratzter Vanille plus Stange in Milch weich kochen. Abgießen und Maronen pürieren. Zuckern, Sahne steif schlagen und unterheben. Kühl stellen.

Das gehaltvolle Dessert passt zu den ersten kalten Herbstabenden. Wer mag, reicht pochierte Birnen (Williams Christ) in Rotwein dazu.

Pilze

Vitamin D, Niacin, Eisen, Kalium, Ballaststoffe, Eiweiß

Schwermetalle und radioaktive Belastung haben Pilze wie kaum ein anderes Gemüse in Misskredit gebracht. Dennoch: Ein Herbst ohne Pilze ist wie ein Sommer ohne Sonnenschein. Greifen Sie häufiger zu Zuchtpilzen; sie sind nicht belastet, da sie Wald- und Wiesenboden nie kennengelernt haben! Die ersten Champignons ließ übrigens Sonnenkönig Ludwig XIV. züchten.

Champignons in Öl

500 g Champignons, 2 Knoblauchzehen, 50 ml Weißweinessig, 150 ml Wasser, 2 Lorbeerblätter, 1 EL Pfefferkörner, 250 ml kaltgepresstes Olivenöl, 500 ml Sonnenblumenöl: Pilze abbürsten, Stiele abschneiden, große Exemplare halbieren, mit den gepellten Knoblauchzehen in Essigwasser einmal aufkochen. Abgießen und zum Trocknen auf ein Tuch legen. Trockene Pilze mit den Gewürzen in Einmachgläser füllen, mit Öl bedecken. Das Öl muss 1 cm über dem Gemüse stehen. Mind. 2 Wochen im Dunkeln ziehen lassen.

Tipp: Öl zum Kochen verwenden, ev. filtern. Ebenso legen Sie Steinpilze, Schalotten, kleine Artischocken, Auberginen- oder Zucchinischeiben ein.

Pilze einkaufen und zubereiten

	CHAMPIGNONS / EGERLINGE
Frischesignal	geschlossene, helle bis rosa Lamellen; heller, fester Stiel; braune Egerlinge duften beim Anschnitt aromatisch
Lagerung	1–2 Tage, dunkel, trocken, nicht in Plastik
Verarbeitung	abbürsten, nicht waschen, roh oder bei hoher Hitze anbraten; einlegen, trocknen
Vorsicht	nicht aufwärmen
	AUSTERNPILZE
Frischesignal	glatt, weißliche Lamellen; helles, elastisches Fleisch, Ränder biegen sich nach unten; fast geruchlos; kleinere Exemplare zarter
Lagerung	1–2 Tage dunkel, trocken, nicht in Plastik
Verarbeitung	trocken abreiben, zähe Stiele abbrechen, kurz anbraten, aus den Stielen Pilzbouillon kochen
Vorsicht	nicht roh essen, nicht aufwärmen

Pilze trocknen

Champignons oder Steinpilze trocken putzen, in 3–4 mm dünne Scheiben schneiden, Backblech mit Backpapier auslegen und die Pilze darauf ausbreiten. Im Backofen bei 50 °C Umlufthitze trocknen, das dauert 30–50 Min. Je nach Feuchtigkeit der Pilze. Trocken und dunkel lagern. Gut getrocknete Pilze lassen sich leicht brechen. Ebenso trocknen Sie Apfelringe, dick fleischige Pflaumen und abgezogene Feigen.

	PFIFFERLINGE
Frischesignal	gelbbraun, saftige Schnittstellen, pfeffriger Geruch
Lagerung	max. 1 Tag in Papier
Verarbeitung	trocken abbürsten, kurz anbraten oder garen; lang gekocht werden sie zäh
Vorsicht	nicht roh essen, nicht aufwärmen, schwer verdaulich
	STEINPILZE
Frischesignal	hellbraun bis rötlich; weiße oder gelbliche Röhren, intensiver Geruch; nicht schwammig
Lagerung	max. 1 Tag in Papier
Verarbeitung	Papiertrocken abbürsten, junge Exemplare auch roh, braten; einlegen, trocknen
Vorsicht	nicht aufwärmen

Steinpilz-Carpaccio

- *200 g kleine Steinpilze*
- *½ Pastinake (Ersatz: Petersilienwurzel, Karotte)*
- *Pfeffer, Salz*
- *4 EL kaltgepresstes Olivenöl*
- *2 Zitronen*
- *1 Bund Oregano*

Pilze putzen und längs in hauchdünne Scheiben schneiden. Auf 4 Tellern fächerförmig verteilen.

Pastinake schälen und fein reiben. Auf jedem Teller 1–2 TL davon verteilen. Würzen und erst mit Zitronensaft, dann mit Öl beträufeln. Abgezupfte Oreganoblätter darüber streuen.

Roher Champignon-salat

- 400 g Champignons
- 2 Stangen Staudensellerie mit Grün
- 3 Zitronen
- 2 Grapefruit
- Öl
- Pfeffer, Salz
- 3 Scheiben altbackenes Roggenbrot

Pilze und Staudensellerie putzen und in sehr dünne Scheiben schneiden. Sofort mit Zitronensaft beträufeln. Grapefruit filetieren, alle weißen Häute fortschneiden.

Aus dem restlichen Zitronensaft, 4 EL Öl, fein gewiegtem Selleriegrün eine Vinaigrette rühren, würzen. Gemüse und Obst vorsichtig mischen. Vinaigrette darüber gießen.

Roggenbrot in kleine Würfel schneiden, in wenig heißem Öl anbraten, auf Küchenkrepp abtropfen. Croûtons auf dem Salat servieren.

Pfifferlings-Soufflé

- 300 g Pfifferlinge
- 200 ml süße Sahne
- 4 getrennte Eier
- 1 Zitrone
- Pfeffer, Salz

Pilze putzen, mit Sahne pürieren, 4 Eigelb und Zitronensaft unterrühren, würzen. Eiweiß schaumig schlagen, unterheben und 4 Förmchen zu drei Vierteln füllen. Bei 180 °C 20 Min. aufgehen lassen.

Vorsicht: Bei Zugluft fallen Soufflés zusammen.

Bouillon mit Pilzklößchen

- 200 g Champignons
- 100 g Hühnerbrustfilet
- 5 Scheiben Vollkorntoastbrot
- 50 g Butter
- 2 Eier, 1 Eigelb
- Pfeffer, Salz, Muskat
- 2 Thymianzweige
- 1 l Gemüse- oder Hühnerbouillon

Pilze putzen, mit Fleisch und Brot klein schneiden. Zusammen mit Butter und Eiern plus Eigelb pürieren, abschmecken und klein gehackte Thymianblätter unterrühren.

Mit kaltem Metalllöffel Klößchen abstechen und in der heißen Bouillon ziehen lassen, bis sie auf der Suppe schwimmen. Nicht kochen!

Tipp: Wer von einem anderen Gericht Pilzstiele übrig hat, brät sie mit 1 gewürfelten Zwiebel und 1 geriebenen Karotte in Öl an, löscht mit Bouillon ab und lässt sie 30 Min. köcheln. Bouillon durch ein Haarsieb gießen.

Ravioli mit Steinpilzen

- 250 g Weizenmehl
- 2 Eier
- 2 TL Öl
- 1 gestr. TL Salz

Teigzutaten mischen, gründlich durchkneten, 30 Min. ruhen lassen. Teig auf bemehlter Fläche dünn ausrollen. 40 Teigquadrate von 6 cm Länge mit dem Nudelrad abteilen.

- *400 g Steinpilze*
- *2 Schalotten*
- *20 g Butter*
- *125 ml Weißwein*
- *Pfeffer, Salz*
- *1 EL Öl*

Für die Füllung Pilze putzen und nicht zu klein hacken, Schalotten schälen und würfeln. Gemüse in Butter anbraten, mit Wein ablöschen und offen einköcheln. Die Masse muss trocken sein. Würzen und auf 20 Teigquadrate verteilen.

Teigränder mit kaltem Wasser anfeuchten, zweites Teigblatt darüber legen, außen festdrücken und bis zum Garen auf ein dünn mit Mehl bestreutes Blech legen.

Ravioli in sprudelndem Salzwasser mit 1 EL Öl aufkochen, bei mittlerer Hitze ziehen lassen, bis sie aufsteigen. Darüber Salbeibutter gießen: 8 Salbeiblätter in 60 g flüssiger Butter 1 Min. braten.

Pfifferlinge in Sahne

- *600 g Pfifferlinge*
- *2 Zwiebeln*
- *20 g Butter*
- *Pfeffer, Salz*
- *125 ml Weißwein*
- *200 ml süße Sahne*
- *1 Bund Estragon*

Pfifferlinge putzen und größere längs halbieren. Zwiebeln schälen, fein würfeln, in Butter glasig werden lassen, Pilze mitbraten. Schwach würzen, mit Wein ablöschen und Sahne angießen. 10 Min. einköcheln. Mit abgezupftem Estragon bestreut servieren.

In der bayerischen Heimat dieses nahrhaften Gerichts gehören dazu Semmelknödel. Es verträgt sich aber auch gut mit Petersilienkartoffeln (Bamberger Hörnchen).

Pilzfondue

- *2 Rote Bete*
- *1 Zitrone*
- *Pfeffer, Salz*
- *200 g Kürbis*
- *1 Zwiebel*
- *1 EL Öl*
- *1 Gemüsetomate*
- *2 EL Rosinen*
- *500 g Champignons*
- *200–300 g Austernpilze*
- *1 l Fondueöl oder 1 kg hoch erhitzbares Pflanzenfett*

Rote Bete waschen, in wenig Wasser weich dünsten, schälen und pürieren. Mit Zitronensaft, Pfeffer, Salz abschmecken.

Kürbis schälen, würfeln, mit der fein gewürfelten Zwiebel im Öl anbraten und abgedeckt weich dünsten. In den letzten 5 Min. geschälte, gewürfelte Tomate und Rosinen unterrühren, würzen.

Pilze trocken putzen, große Champignons halbieren, Austernpilze in mundgerechte Stücke teilen.

Bei Tisch werden die Pilze auf Fonduegabeln gespießt, im Fett ausgebraten und mit den Gemüsesaucen verspeist. Dazu passt eine Roggenstange oder Baguette. Vorsicht: Pilzfondue spritzt!

Sellerie

Vitamin A, Kalium, Kalzium, Bitterstoffe, Ballaststoffe

Knollen- wie Stangensellerie sind geschmacksintensiv. Ihr üppiges Grün duftet appetitanregend. Die hellen Knollen wurden aus wild wachsendem Wurzelgemüse gezüchtet; in Italien ist die Urform noch heute beliebt. Der Stangen- oder Bleichsellerie wuchs zunächst ebenfalls wild; Franzosen und Italiener bauen ihn seit dem 17. Jahrhundert an.

Sellerie-geschichte

In der Antike war Sellerie rund um das Mittelmeer bekannt. Ägypter gaben ihren Mumien Sellerie mit auf die Reise in die Totenwelt. Griechen flochten die »Lorbeerkränze« ihrer Helden häufig aus Selleriegrün; die Pflanze galt als Glücksbringer und Zeichen des Triumphs. Der Sage nach sollen beide Selleriearten aphrodisieren; doch bleibt der Nachweis schwierig.

Gesund mit Genuss

Wieder einmal waren es die alten Griechen, die um die Heilkraft des Sellerie wussten: Sein Samen enthält wertvolle ätherische Öle. Selleriesamen hilft aufgegossen bei Erkältung, Husten und Stoff-

Sellerie einkaufen und zubereiten

	KNOLLENSELLERIE
Frischesignal	schwer, druckfest, leichte Knollen ev. faserig oder hohl
Lagerung	3–5 Tage mit Kraut, dunkel, kühl; im Keller länger ohne Grün
Verarbeitung	roh raspeln oder kochen; großzügig schälen; mit Zitrone gegen Verfärbung beträufeln; Kochwasser und Grün mitverwerten; eingeölt grillen
Vorsicht	nicht aufwärmen
	STAUDENSELLERIE
Frischesignal	hell- bis dunkelgrüne Stiele, knackig; grüne Blätter, nicht gelb
Lagerung	1–3 Tage im Gemüsefach des Kühlschranks
Verarbeitung	Wurzelansatz und Spitzen abschneiden; Grün und Kochwasser mitverarbeiten, roh oder garen
Vorsicht	nicht aufwärmen

wechsel- bzw. Verdauungsbeschwerden. Das wohlschmeckende Gewürz erinnert an Anis und Fenchel. Samen stets im Mörser zerdrücken oder länger mitkochen.

Waldorfsalat

- *3 säuerliche Äpfel (Boskop, Jonagold)*
- *2 Knollensellerie*
- *4–6 geh. EL Mayonnaise*
- *1 Orange*
- *2 geh. EL entkernte Walnüsse*

Äpfel schälen und grob reiben. Rohen Sellerie schälen und in bleistiftgroße Julienne-Streifen schneiden. Mayonnaise mit frisch gepresstem Orangensaft glatt rühren und alles mischen. Zerkleinerte Walnüsse darüber streuen.

Tipp: Eine kalorienärmere Variante des Klassikers aus dem New Yorker Waldorf-Astoria-Hotel bereiten Sie zusätzlich mit rohen Karotten, entkernten Weintrauben und Joghurtcreme.

Gedünsteter Staudensellerie

- *1 Staudensellerie mit Grün*
- *250 ml Gemüsebouillon*
- *2 geh. EL Kapern*
- *Pfeffer, Salz*
- *1 Zitrone*
- *100 g Pecorino*

Staudensellerie putzen, in 2 cm lange Stücke schneiden. Grün sehr fein hacken. Gemüse in Bouillon 12–15 Min. bissfest kochen. Grün und Kapern einstreuen. Mit Gewürzen und einem Zitronenspritzer abschmecken. Mit wenig Bouillon anrichten und mit geriebenem Käse bestreuen.

Die leichte Vorspeise schmeckt warm und kalt. Vollkorn- oder Weißbrot passt gut dazu.

Italienischer Salat

- *1 Knollensellerie*
- *2 Tomaten*
- *2 Äpfel (Glockenapfel, Boskop)*
- *4 Cornichons*
- *100 g gebratenes Kalbfleisch*
- *100 g Salami*
- *150 ml Joghurtcreme*
- *Pfeffer*

Sellerie putzen und vierteln. In Salzwasser 30 Min. weich kochen und in bleistiftgroße Julienne-Streifen schneiden.

Tomaten häuten, entkernen und würfeln. Äpfel schälen und grob reiben. Cornichons fein reiben. Kalbfleisch und Salami in dünne Streifen schneiden. Alles mischen, Joghurt unterziehen und würzen.

Sie garnieren den Salat mit Cornichons, Perlzwiebeln, hartgekochten Ei- und Tomatenachteln.

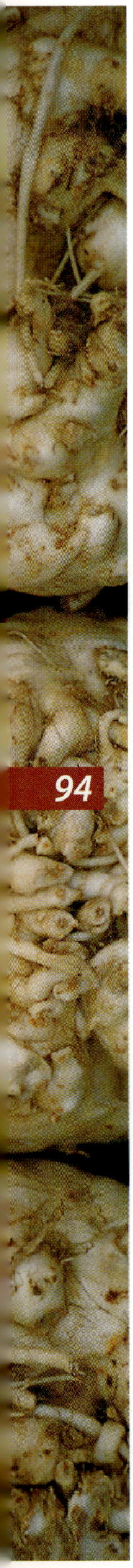

Sellerie-Wild-Salat

- *1 Staudensellerie mit Grün*
- *1 Rote Bete*
- *2 Birnen*
- *1–2 Grapefruit*
- *4 EL Öl*
- *Pfeffer, Salz*
- *2 Hasenfilets*

Sellerie putzen und in sehr dünne Streifen schneiden; Grün klein hacken. Rote Bete 20 Min. im Backofen trocken garen, schälen und stifteln. Birnen schälen, halbieren, Gehäuse ausschneiden und in dünne Scheiben schneiden.

Aus Grapefruitsaft, 3 EL Öl und Gewürzen eine Vinaigrette rühren, Grün einstreuen. Gemüse und Birnen auf einer Platte anrichten, Vinaigrette darüber gießen.

1 EL Öl erhitzen, Filets von jeder Seite 2 Min. anbraten und würzen.

Zugedeckt 5 Min. ruhen lassen und quer aufschneiden. Rosafarbenes Fleisch auf dem Salat anrichten.

Tipp: Vegetarier ersetzen das Hasenfilet durch Tofu.

Selleriesuppe mit Kresse

- *2 Knollensellerie*
- *2 mehlig kochende Kartoffeln*
- *750 ml Gemüsebouillon*
- *Pfeffer, Salz*
- *1 TL Selleriesamen*
- *2–3 geh. EL saure Sahne (20 % Fett)*
- *3 Päckchen Kresse*

Sellerie und Kartoffeln schälen, klein würfeln und in der Bouillon 30 Min. weich kochen. Kresse abschneiden und waschen.

Suppe würzen und mit 2 Päckchen Kresse pürieren. Mit Sahne legieren. Restliche Kresse abschneiden und die gefüllten Suppenteller garnieren.

Sellerie-Kartoffel-Püree

- *2 Knollensellerie*
- *250 g mehlig kochende Kartoffeln*
- *Salz, 1 TL Selleriesamen*
- *125 ml Milch*
- *10 g Butter*

Sellerie und Kartoffeln schälen, würfeln und in Salzwasser mit Selleriesamen weich kochen. Abgießen und durch eine Kartoffelquetsche drücken. Heiße Milch und Butterstückchen einrühren.

Sellerie-Kartoffel-Püree ist eine klassische Beilage zu Wildgeflügel und Wild. Geben Sie z. B. ein Wildgulasch (Rezept Seite 77) in eine feuerfeste Form. Füllen Sie das Püree in einen Spritzbeutel, und spritzen Sie schlangenförmig die Oberfläche zu. Unter Oberhitze goldbraun backen.

Sellerie-Burger

- *2 Knollensellerie*
- *Weizenvollkornmehl*
- *2 Eier*
- *6–8 geh. EL Sesam*
- *100 g hoch erhitzbares Pflanzenfett*
- *2 Avocados*
- *1 Zitrone*
- *Pfeffer, Salz*
- *1 Gemüsetomate*

Knollensellerie schälen, halbieren und in Salzwasser 12–15 Min. bissfest kochen. In 8 Scheiben von 1 cm Stärke schneiden. Erst in Mehl wälzen, dann in verschlagenem Ei und Sesam. In heißem Fett ausbraten. Auf Küchenkrepp abtropfen.

Avocados schälen, mit einer Gabel zerdrücken, sofort mit Zitronensaft verrühren und würzen.

Tomate häuten, Stielansatz ausschneiden und 4 große Scheiben abschneiden. Den Rest würfeln.

Je 1 Selleriescheibe mit einer Tomatenscheibe belegen, 2 geh. EL Avocadocreme darauf setzen und mit 1 Selleriescheibe bedecken. Mit Tomatenwürfeln dekorieren.

Pfefferpothast

- *1 Knollensellerie*
- *2 Karotten*
- *2 mehlig kochende Kartoffeln*
- *3 Zwiebeln*
- *1 EL Öl*
- *Pfeffer, Salz*
- *500 ml Gemüsebouillon*
- *125 ml Bier*
- *500 g Rindfleisch (Hochrippe)*
- *1 Lorbeerblatt*
- *2 geh. EL Semmelbrösel*

Gemüse putzen, Sellerie, Karotten und Kartoffeln würfeln. Zwiebeln in Ringe schneiden und in einem hohen Topf im Öl anbraten. Gemüse zugeben, unter Rühren anbraten, würzen. Mit Bouillon sowie Bier ablöschen.

Fleisch und Lorbeer zugeben und mind. 1 Std. köcheln. Fleisch klein schneiden und den Eintopf mit Semmelbröseln binden.

Diese westfälische Spezialität wird mit grob zerstoßenem Pfeffer und eingelegten Salzgurken aufgetragen. Eine Variante kommt in den Wintermonaten mit Wirsing auf den Tisch.

Teltower Rübchen

Vitamin A und C, Folsäure, Magnesium, Kalzium

Die beliebten Teltower Rübchen sind mit den Mairüben verwandt. Sie sind rundlich, hellgelb bis leuchtend orange und erinnern an die größeren Steckrüben. Ihren Namen erhielten die Rübchen von Teltow, einer Grundmoränenlandschaft in der Mark Brandenburg. Hier liegt das Hauptanbaugebiet des bodenständigen Gemüses mit dem lieblichen Geschmack.

Rüben-geschichte

Die große Stunde von Mairübe, weißer Rübe und Teltower Rübchen schlug stets in Not- und Kriegszeiten. Rüben wachsen schnell, sind anspruchslos und preiswert. Das bedeutet aber keineswegs, dass sie nicht Grundlage moderner Gerichte sein können. Gerade das Teltower Rübchen ist eine Neuentdeckung wert.

Gesund mit Genuss

Teltower Rübchen stärken das Immunsystem und regen die Bildung der Blutkörperchen an. Sie entwässern. Der Saft roher Rübchen ist am wirkungsvollsten. Mischen Sie ihn mit frisch gepresstem Orangen- oder Grapefruitsaft, und süßen Sie mit Honig.

Teltower Rübchen einkaufen und zubereiten

Frischesignal	fest, keine Risse; frische, grüne Blätter
Lagerung	1–2 Tage, kühl; nicht einlagern
Verarbeitung	junge Rübchen waschen und bürsten oder dünn schälen; Wurzelansatz großzügig fortschneiden
Vorsicht	längere Lagerung verdirbt den Geschmack

Rübchensalat

- *4 Teltower Rübchen*
- *1 Zwiebel*
- *2 Zitronen, 2 EL Öl*
- *Pfeffer*
- *2 geh. TL Honig*

Rübchen dünn schälen, fein reiben. Zwiebel klein hacken. Mischen und aus den übrigen Zutaten eine Vinaigrette bereiten, die über das Gemüse gegossen wird. 30 Min. ziehen lassen.

Glasierte Rübchen

- *500 g Teltower Rübchen*
- *1 EL Öl*
- *1 geh. EL Zucker*
- *250 ml Gemüsebouillon*
- *weißer Pfeffer*
- *1 Bund Petersilie*

Rübchen putzen, würfeln und im Öl glasig anbraten. Zucker zugeben und unter Rühren auflösen. Wenig Bouillon angießen, damit

das Gemüse nicht anbrennt; es soll nicht schwimmen. Die Rübchen sind in 15 Min. weich. Schwach pfeffern und mit Petersilienblättchen bestreuen.

Glasierte Rübchen sind eine farbenprächtige Beilage zu Fasan oder Wildente.

Gefüllte Rübchen

- *8 Teltower Rübchen*
- *2 Karotten*
- *1 Zucchini*
- *1 Zwiebel*
- *1 TL Öl*
- *Pfeffer, Salz, Anis*
- *Butter*
- *100 g mittelalter Gouda*

Rübchen bürsten, Grün und Ansatz abschneiden und in Salzwasser 10–12 Min. nicht zu weich kochen. Vorsichtig aushöhlen und Fruchtfleisch würfeln.

Karotten und Zucchini putzen und fein reiben. Zwiebel würfeln, im Öl glasig anbraten, Rübchenwürfel und geriebenes Gemüse zufügen, würzen. 10 Min. garen. Rübchen füllen und in eine eingefettete, feuerfeste Form setzen. Käse reiben, auf den Rübchen verteilen und bei 250 °C im Backofen überbacken.

Rübeneintopf

- *500 g Suppenfleisch (Rind)*
- *1 l Gemüsebouillon*
- *1 Zwiebel*
- *1 Lorbeerblatt*
- *2 Nelken*
- *Pfeffer, Salz*
- *3 Teltower Rübchen*
- *½ Chinakohl*
- *¼ Meerrettichwurzel*

Suppenfleisch in Bouillon kalt aufsetzen. Zwiebel schälen, Lorbeerblatt mit den Nelken anstecken und 1 Std. mitkochen. Gut würzen. Schaum abschöpfen.

Gemüse putzen. Rübchen in dünne Stifte, Chinakohl in schmale Streifen schneiden. Rübchen in die Bouillon geben, 10 Min. köcheln. Chinakohl zugeben und weitere 5 Min. garen.

Vor dem Servieren Zwiebel entfernen und Fleisch klein schneiden. Meerrettich putzen, fein reiben und auf jeden Teller 1 geh. TL streuen.

Zucchini

Vitamin C, Eisen, Kalium, Magnesium, Eiweiß

Zwischen August und Oktober ernten Bauern vor dem ersten Frost Zucchini. Wer sie selbst pflanzt, entdeckt im Herbst ihre orange-gelben Blüten. Sie gelten gefüllt oder frittiert als Delikatesse, werden jedoch auf Märkten selten angeboten. Die Früchte wachsen schnell und entwickeln sich bei starkem Regen zu Giganten.

Zucchinigeschichte

In Mexiko beheimatet, kamen die grünen Minikürbisse im frühen 16. Jahrhundert nach Europa. Sie sind verwandt mit Riesenkürbis und Gurke. Neben grünen Exemplaren finden Sie gelegentlich gelbe oder grüne mit hellen Streifen.

Zucchini einkaufen und zubereiten

Frischesignal	glatte Schale, steif, druckfest, Stielansatz nicht ausgetrocknet
Lagerung	1 Woche im Kühlschrank; separat lagern
Verarbeitung	Stielansatz entfernen, abbürsten, roh oder in wenig Wasser garen; frittieren; eingeölt grillen
Vorsicht	je größer, desto härter und geschmacksärmer

Zucchiniblüten mit Kalbsfarce

- *12 Zucchiniblüten mit kleiner Frucht*
- *200 g Kalbsfilet*
- *50 g Parmesan*
- *1 Ei*
- *Pfeffer, Salz*
- *2 Msp. Curry*

Zucchini waschen (Achtung: ev. Tierchen in der Blüte). Blütenstängel ausschneiden, Frucht putzen. Fleisch pürieren, Käse fein reiben. Fleisch, Käse und Ei mischen, mild würzen. Masse in einen Spritzbeutel füllen. Zucchiniblüten ausspritzen, Blüten oben zusammendrehen. Früchte mehrfach längs einschneiden und 20 Min. im Wasserdampf garen.

Tipp: Die weiblichen Blüten sind größer und lassen sich gut füllen; männliche Blüten eignen sich zum Frittieren. In Eierkuchenteig getauchte und ausgebackene Zucchini- oder Kürbisblüten sind ein Augenschmaus und leckerer Snack.

Frittierte Zucchini

- *4 Zucchini*
- *Weizenvollkornmehl*
- *2 Eier*
- *4–6 geh. EL Semmelbrösel*

- *1 Bund Blattpetersilie*
- *100 g hoch erhitzbares Pflanzenfett*
- *Salz, Paprika*

Zucchini waschen, putzen und in 3 mm dünne Scheiben schneiden. Erst in Mehl, dann in geschlagenem Ei und in einer Mischung aus Semmelbröseln und Petersilienblättern wälzen.
Im heißen Fett frittieren, auf Küchenkrepp abtropfen und würzen.

Süß-saure Zucchini

- *2–3 Zucchini*
- *200 g Kürbis*
- *1 Zwiebel*
- *1 EL Kürbiskernöl*
- *2 geh. EL Zucker*
- *2 Zitronen*
- *2 geh. EL Kürbiskerne*
- *2 geh. EL Rosinen*

Zucchini und Kürbis putzen und in schmale Stifte schneiden. Zwiebel fein würfeln und im Öl glasig anschwitzen. Gemüse zugeben, Zucker darüber streuen und flüssig werden lassen.
Mit Zitronensaft ablöschen. Abgedeckt 20 Min. weich dünsten. Vor dem Servieren Kürbiskerne und Rosinen unterrühren. Das süß-saure Gemüse schmeckt auch kalt.

Gefüllte Zucchini

- *4 kleine Zucchini*
- *1 Zwiebel*
- *1 EL Öl*
- *200 g Emmentaler*
- *1 Bund Minze*
- *Pfeffer, Salz*
- *2 Eigelbe*
- *Butter*
- *2 EL gehackte Erdnüsse*

Zucchini putzen, längs halbieren und in wenig Salzwasser 5 Min. halb gar köcheln. Früchte aushöhlen, Fruchtfleisch klein hacken.
Zwiebel schälen und würfeln, im Öl anbraten. Zucchinifleisch zugeben, Flüssigkeit unter Rühren verdunsten lassen. Käse fein reiben. Minze hacken. Zum Gemüse geben, würzen und Eigelb unterziehen. Zucchini füllen, in eine eingefettete, feuerfeste Form setzen und im vorgeheizten Backofen bei 200 °C 20 Min. backen. Mit Nüssen bestreuen.

Zucchini-Rösti

- *100 g Grünkern*
- *100 g feine Haferflocken*
- *2 Zucchini*
- *1 Zwiebel*
- *Pfeffer, Salz*
- *2 Eier*
- *Öl*

Grünkern in Salzwasser einmal aufkochen und 40 Min. bei schwacher Hitze quellen lassen. Haferflocken in warmem Wasser einweichen.
Zucchini fein reiben. Zwiebel schälen und würfeln. Rohes Gemüse mit dem weichen Grünkern, ausgedrückten Haferflocken und Eiern mischen, würzen. Ev. 1–2 EL Mehl unterrühren. In einer Pfanne Öl erhitzen und je 2 EL Masse flach gedrückt als Rösti ausbraten.

Zwiebeln

Provitamin A, Vitamin C, Kalium, Kalzium

Die Zwiebel ist Gemüse und Gewürz zugleich; viele Gerichte erhalten erst mit ihr den wahren Biss. Roh bringt sie Schärfe, gedünstet schmeckt sie mild bis süßlich, braun angebraten gibt sie kräftigen Geschmack. Sie haben die Wahl zwischen süßlichen weißen, intensiver riechenden roten und den schärferen Küchenzwiebeln – Allrounder, die immer passen. Der Star unter den Zwiebeln heißt Schalotte: klein, rötlich und sehr mild.

Zwiebelgeschichte

Die Heimat der Küchenzwiebel liegt in Asien; sie gehört zur Lauchfamilie. Zu Homers Zeiten tischten die Griechen alltags Gerstenfladen mit Zwiebeln, Oliven und Käse auf. Für die römischen Soldaten bestand die tägliche Mahlzeit meist aus Zwiebeln mit etwas Öl und Brot. Auch die ägyptischen Pyramidenbauer stärkten sich mit rohen Zwiebeln. In Mitteleuropa setzte sich das Gemüse außerhalb der Armenhäuser nur zögernd durch; sein Geruch galt als unfein.

Gesund mit Genuss

Zwiebeln steigern die Abwehrkräfte und entgiften. In der Naturmedizin gelten sie als Bakterientöter und Schmerzmittel: Rohe Zwiebelstückchen in Mull auflegen, z. B. bei Ohrenschmerzen. Zwiebeln sind ein natürliches Antibiotikum; sie lindern Entzündungen im Magen-Darm-Trakt. Ihre Senföle lassen manche Köchin zwar weinen, doch verbessern sie die Verdauung.

Zwiebeln einkaufen und zubereiten

Frischesignal	im Frühjahr hell und glänzend; im Herbst trocken, braune Haut; rascheln bei Berührung
Lagerung	mehrere Wochen dunkel, trocken; geschält oder halbiert sofort verbrauchen
Verarbeitung	häuten, roh oder braten; für edlere Speisen fein reiben; eingeölt grillen
Vorsicht	roh sofort nach dem Schneiden essen, sonst Magenschmerzen, Blähungen, Aufstoßen; Zwiebeln plus Knoblauch kann zu Bauchschmerzen führen: Gärungen

Zwiebelsuppe mit Käsecroûtons

- *1 kg Küchenzwiebeln*
- *50 g Butterschmalz*
- *750 ml Gemüsebouillon*
- *200 ml Weißwein*
- *Pfeffer, Salz*
- *2 Lorbeerblätter*

- *1 Bund Thymian*
- *2 Scheiben Toastbrot*
- *70 g geriebener Greyerzer Käse*

Zwiebeln in Ringe schneiden, in Butterschmalz goldbraun braten, mit Bouillon und Wein ablöschen, würzen. Mit Lorbeer und abgezupftem Thymian 15 Min. köcheln. Toastbrot entrinden, vierteln und toasten. Mit geriebenem Käse bestreut überbacken. Je zwei Käsecroûtons auf die gefüllten Suppentassen setzen.

Zwiebelrostbraten

- *4 Ochsenscheiben (Lende)*
- *Salz, Paprika*
- *Mehl*
- *1 geh. EL Butterschmalz*
- *1 EL Olivenöl*
- *3–4 Küchenzwiebeln*
- *1 EL Butter*
- *1 EL Weißweinessig*

Fleisch flach klopfen, Fett abschneiden oder einkerben, würzen. In Mehl wenden und in Butterschmalz-Öl von beiden Seiten je 3 Min. anbraten. Fleisch aus der Pfanne nehmen, zugedeckt einige Minuten ruhen lassen.

Zwiebeln schälen, in hauchdünne Scheiben schneiden. In der gleichen Pfanne Butter erwärmen, Zwiebeln braun braten, mit Essig ablöschen und auf dem Fleisch servieren.

Zu dieser Wiener Spezialität gehört Kartoffelpüree.

Zwiebelkuchen

- *250 g Weizenmehl*
- *2 Msp. Salz*
- *125 ml lauwarme Milch*
- *15 g Hefe*
- *50 g Butter*

Mehl mit Salz vermischen, in die Mitte eine Mulde drücken und Hefe hineinbröckeln, mit 1–2 EL lauwarmer Milch und wenig Mehl verreiben. Zugedeckt 15–20 Min. gehen lassen.

Butter in restlicher Milch auflösen, lauwarm nach und nach in den Vorteig und das Mehl einarbeiten. Der fertige Teig muss sich leicht aus der Schüssel heben. 30 Min. gehen lassen, bis er sich etwa verdoppelt hat.

- *1 kg Zwiebeln*
- *150 g durchwachsener Speck*
- *3 Eier*
- *250 ml saure Sahne*
- *Pfeffer*
- *1 gestr. TL Kümmel*
- *Butter*

Zwiebeln schälen und in Ringe schneiden. Speck würfeln und in einer Pfanne auslassen. Zwiebeln darin glasig anbraten.

Eier, Sahne und Gewürze verrühren; abgekühlte Zwiebeln und Speck zugeben.

Backblech einfetten. Teig ausrollen und auf das Blech drücken, Rand hoch ziehen. Belag darüber gießen und gleichmäßig verteilen. Bei 200 °C im vorgeheizten Backofen etwa 30 Min. backen.

Herbstfrüchte

Im September beginnt die Jahreszeit von Bacchus, dem antiken Weingott. Jetzt sind die Trauben reif und saftig. Probieren Sie blaue oder grüne Weintrauben in Saucen, im Sauerkraut zu Wildgeflügel oder in fruchtigen Salaten. Frisch gepresster Traubensaft ist eine Delikatesse, für die Sie nur einen Entsafter benötigen. Genießen Sie als herbstliche Vorspeise Feigen mit rohem Schinken. Kochen Sie Preiselbeeren und Quitten für winterliche Wildgerichte ein. Und nicht vergessen: Süße Spätpflaumen liefern köstliches Frühstücksmus.

Gesund mit Genuss

Weiche Birnen regen den Darm zu vermehrter Bewegung an. Sie entwässern und liefern mit ihrem hohen Phosphorgehalt Nervennahrung.

Pflaumenmus

- *4 kg Spätpflaumen*
- *350 g Zucker*
- *½ TL Zimt*
- *¼ TL Nelkenpulver*
- *2 Msp. Piment (Ersatz: Chilipulver)*

Pflaumen entsteinen, vierteln, mit Zucker und Gewürzen mischen.

In einem Bräter bei 160 °C im Backofen 2–3 Std. einköcheln. Backofen dabei einen Spalt offen lassen. Nicht umrühren! Ist das Mus dick breiig, in Gläser füllen.

Quitten-Apfel-Chutney

- *2 Quitten*
- *2 EL brauner Zucker*
- *1 TL Senfkörner*
- *1 TL zerstoßene Pfefferkörner*
- *2 Gewürznelken*
- *4 EL Essig*
- *3 geh. EL Rosinen*
- *3 Äpfel*
- *1 Zwiebel*

Quitten halbieren, Gehäuse entfernen, schälen und klein würfeln. Mit Zucker, Gewürzen, Essig und Rosinen 30 Min. kochen.

Äpfel schälen, entkernen und achteln. Zwiebel schälen und fein würfeln. Äpfel und Zwiebeln zu den Quitten geben und noch 5 Min. köcheln. Heiß in ausgespülte Gläser füllen, sofort verschließen.

Traubencreme

- *300 g dunkle Trauben*
- *150 ml Weißwein*
- *4 Eier*
- *75 g Zucker*
- *1 unbehandelte Zitrone*
- *1 Blatt Gelatine*
- *200 ml süße Sahne*

Trauben waschen, halbieren, entkernen. In Wein legen.

Eier trennen. Eigelb mit Zucker schaumig schlagen. Zitronensaft und ½ TL abgeriebene Zitronenschale zufügen.

Gelatine einweichen. Wein ohne Trauben erhitzen, ausgedrückte Gelatine einrühren, abkühlen und in die Eiermasse gießen. Eiweiß und Sahne getrennt steif schlagen. Vorsichtig unter die Creme heben. In Schichten abwechselnd mit Trauben in Gläser füllen, kalt stellen.

Herbstfrüchte einkaufen und zubereiten

	BIRNEN
Frischesignal	Fruchtfleisch gibt am Stiel auf Druck nach; duftet aromatisch
Lagerung	2–3 Tage, kühl, separat; reife Exemplare sofort verzehren
Verarbeitung	roh, dünsten, Kompott, entsaften
	FEIGEN
Frischesignal	prall, auf leichten Druck nachgiebig; duften aromatisch am Ansatz
Lagerung	1 Tag kühl
Verarbeitung	halbieren oder Haut abziehen; roh, Torten, Marmelade mit Orangen, trocknen
	PFLAUMEN / ZWETSCHGEN
Frischesignal	prall, nicht faltige Haut, gibt auf Druck leicht nach; Kern löst sich leicht
Lagerung	1 Woche kühl
Verarbeitung	roh, Kuchen, Kompott, trocknen;
	QUITTEN
Frischesignal	dunkelgelb, ohne Flecken, sehr fest; aromatischer Duft
Lagerung	1–2 Wochen
Verarbeitung	nicht roh; mind. 30 Min. kochen; Kompott, Gelee, Chutney mit Äpfeln

Käsebirnen

- *2 weiche Birnen*
- *1 Zitrone*
- *Pfeffer*
- *150 g Gorgonzola*

Birnen schälen, halbieren, Gehäuse entfernen und schräg in dickere Scheiben schneiden. Mit Zitronensaft beträufeln, schwach pfeffern und mit dünnen Käsescheiben belegen.

Im Grill oder Backofen bei Oberhitze 2–3 Min. überbacken. Tipp: Dieses Dessert schmeckt auch köstlich mit halbierten Feigen.

Sahnefeigen

- *8–12 Feigen*
- *1 Orange*
- *200 ml süße Sahne*
- *1 geh. EL Zucker*
- *4 Msp. gemahlener Zimt*

Feigen häuten, über Kreuz einschneiden und auseinander drücken. Mit Orangensaft beträufeln. Sahne mit Zucker steif schlagen. In jede Feige 1–2 TL Sahne setzen und mit Zimt bestreuen.

Herzhafte

Wintergenüsse

21. Dezember – Wintersonnenwende – Winterbeginn

Wenn die ersten Schneeflocken das Gemüse bedecken, ändert sich die Stimmung auf den Märkten. Die Marktfrauen kramen ihre gestrickten Handschuhe heraus, stopfen einen Pullover mehr unter die Schürze, und der Gang über den Markt wird ruhiger. Schnee schluckt die Schritte. So manche Familie erlebt inmitten der Alltagshektik nun besinnliche Augenblicke. Weihnachten naht, und mit dem Fest aller Feste die Muße für kreative Stunden am Herd.

Der winterliche Markt bietet frische Früchte nur noch aus dem südlichen Ausland. Saison haben gelagerte Gemüse. Grünkohl wie Rosenkohl schmecken erst lieblich, wenn sie frostige Nächte erlebt haben. Rotkohl steht heute für knackigen, vitaminreichen Salat. Der Weißkohl hat die alte Kohlroulade überlebt und glänzt in leichten Gerichten. Vegetarisch gefüllte Wirsingpäckchen lassen das Herz vieler Gourmets höher schlagen. Die Zeiten, in denen Kohleintöpfe jeden Genießer das Ekeln lehrten, sind Geschichte. Wer sich saisonbewusst ernährt und heimische Produkte bevorzugt, greift jetzt zu Schwarzwurzeln, probiert Chicorée und experimentiert mit Steckrüben.

Lassen Sie sich beim Markteinkauf den kalten Wind um die Nase wehen; das macht hungrig. Testen Sie die vergessenen Wintergemüse Pastinaken und Topinambur. Heiße Suppen sind ein leckerer Menüauftakt, wenn es draußen schneit und stürmt. Rezepte finden Sie auf den folgenden Seiten.

Zu den begehrten Wintergenüssen gehört schussfrisches Wild. Jetzt liegt es küchenfertig auf dem Markt oder in Wildgeschäften für Sie bereit. Magere Rehschlegel und Hasenrücken inspirieren zu edlen Menüs. Gams, Hirsch und Wildschwein heißen die Hits der Kenner. Kleinere Haushalte nehmen Wildmedaillons. Mager sind auch die beliebten Baby-Puten der Wintermonate. Schlachtfrisch bieten Bauernmärkte fettere Enten und Gänse an, die am Tag zuvor noch schnatterten. Wer Fleisch nicht schätzt, erweitert die Gemüsepalette in der kalten Jahreszeit mit Muscheln.

Das Winterdiner

Ein Abend zum Schlemmen

Wenn der Winter am 21. Dezember einsetzt, zählen die Kinder längst die Tage bis zum Weihnachtsfest. Hausfrauen und Hobbyköche planen das Weihnachtsessen. Selbst wer die Kirche skeptisch beäugt, bereitet sich auf Feiertage, fröhliche Familienrunden oder ein Fest unter Freunden vor. Ein winterliches Diner ist gefragt.

Die Tradition von Adventskranz, Weihnachtsbaum und Winterschmaus reicht in die germanische Geschichte zurück. Zum Fest der Wintersonnenwende wurden Kerzen entzündet. Die immergrünen Tannennadeln von Kranz und Baum symbolisierten die selbst bei Eiseskälte fortbestehende Lebensenergie. Die Lichter standen für die Sonne, die das Wachsen und Gedeihen ermöglicht, auch wenn sie an trüben Wintertagen nicht zu sehen ist. Die Wintersonnenwende ist ein Fest des bevorstehenden Neuanfangs in der Natur.

Weihnachten ist das Fest der Geburt Jesu und das Fest der Liebe Gottes. Es ist ein Tag der Vergebung wie des Friedens. Und ein Tag zum Feiern und Auftischen. Das festliche Menü basiert auf heimischem Wintergemüse bzw. -obst und frischem Wild. Die Zutaten sind fettarm ausgewählt, so dass die vier Gänge nicht belasten. Wer mehr als vier Personen zu Tisch bittet, rechnet die Mengen hoch.

Apfelsalat

- *3 Äpfel (Goldapfel, Boskop)*
- *1 Zitrone*
- *2 Päckchen Kresse (Ersatz: 6–8 geh. EL Sprossen)*
- *100 g Feldsalat*
- *2 EL Zitronensaft, 4 EL Öl*
- *Pfeffer, Paprika, Salz*
- *½ TL mittelscharfer Senf*
- *2 geh. EL entkernte Walnüsse*

Äpfel schälen und in dünne Scheiben schneiden. Mit Zitronensaft beträufeln. Kresse abschneiden und abbrausen. Mit dem geputzten Feldsalat mischen.

Auf einer Platte einen Ring Apfelscheiben anrichten, Kresse und Salat in die Mitte setzen.

Aus Zitronensaft, Öl und Gewürzen eine Vinaigrette rühren. Über den Salat gießen, mit zerhackten Walnüssen bestreut servieren.

Rübenschaumsuppe

- *1 Steckrübe*
- *4 Schalotten*
- *1 EL Öl*
- *750 ml Gemüsebouillon*
- *2 Birnen*
- *Pfeffer, Salz, Curry*
- *1 cm Ingwer (gerieben)*
- *1 Orange*
- *150 ml süße Sahne*
- *2 EL Pistazien*

Steckrübe putzen und fein reiben. Schalotten schälen und würfeln. Zusammen im heißen Öl anbraten und mit Bouillon ablöschen.

Birnen schälen, halbieren, Gehäuse ausschneiden und würfeln. In der Suppe 30 Min. mitköcheln. Würzen und mit frisch gepresstem Orangensaft abschmecken.

Sahne steif schlagen. Suppe

mit dem Mixstab aufschäumen. Mit Sahne und zerhackten Pistazien dekorieren.

Wildmedaillons mit Preiselbeersauce

- *1 Zwiebel*
- *1 Karotte*
- *1/4 Knollensellerie*
- *1/2 Petersilienwurzel*
- *1 EL Öl*
- *250 ml Wildfond (Ersatz: Gemüsebouillon)*
- *Pfeffer, Salz*
- *1/4 TL getr. Majoran*
- *4 EL süße Sahne*
- *3 EL Preiselbeeren (Ersatz: 1 geh. EL eingemachte Preiselbeeren)*

Gemüse putzen und klein würfeln. Im heißen Öl anbraten, mit Fond ablöschen und einkochen. Passieren, würzen und noch 5 Min. mit Sahne und Preiselbeeren köcheln.

- *4–8 Wildmedaillons (Reh, Hirsch, Wildschwein; 2 cm dick)*
- *Öl*
- *Pfeffer, Salz*
- *1/2 TL getr. Rosmarin*
- *1 TL Wacholderbeeren*
- *200 ml Rotwein*

Medaillons mit Öl, Gewürzen und zerdrückten Wacholderbeeren einreiben, 1–2 Std. in Rotwein marinieren. Trockentupfen und in 1 EL Öl von beiden Seiten 2 Min. anbraten. Zugedeckt 5 Min. ruhen lassen und auf Saucenspiegel servieren.

Glasierte Maronen

- *500 g Maronen*
- *Salz*
- *2 geh. EL Butter*
- *4 geh. EL Zucker*

Maronen einritzen, in Salzwasser 40 Min. kochen und schälen.
Butter erwärmen, Zucker darin unter Rühren auflösen. Maronen zum Zucker geben, Topf mehrfach schütteln und Gemüse langsam mit Zucker überziehen.

Orangengelee mit Campari

- *300 ml Orangensaft*
- *80 g Zucker*
- *5 Blatt Gelatine*
- *30 ml Campari*
- *2 rosa Grapefruit*
- *2 geh. EL Mandelblättchen*

Saft mit Zucker aufkochen. Gelatine einweichen. Ausgedrückte Gelatine im heißen Saft gut auflösen, Campari zugießen. In 4 Förmchen gießen und im Kühlschrank fest werden lassen.
Zum Servieren Formen in heißes Wasser tauchen, stürzen. Mit ausgelösten Grapefruitfilets und Mandelblättchen anrichten.

Ein festlicher Winterabend klingt am gemütlichsten mit einem Punsch aus: 100 g unbehandelte Kumquats werden heiß gewaschen, eingekerbt und mit 2 Flaschen Rotwein, frisch gepresstem Saft von 3 Orangen, 2 Nelken und 1 Zimtstange (4 cm) erhitzt.

Chicorée

Vitamin A und Vitamin C, Folsäure, Kalium, Bitterstoffe

Frisches Wintergemüse ist rar; diese Marktlage beschert dem Chicorée viele Freunde. Chicoréesprossen bzw. Salatzichorien - wie das Gemüse botanisch korrekt heißt - schmecken roh oder gedünstet. Sie passen zu hellem Fleisch, Fisch wie Meeresfrüchten. Delikat ist die Kombination mit Früchten.

Chicorée-geschichte

Brüsseler Gemüse lautet ein Name des Chicorées, weil belgische Bauern die Knospen der Zichorien entdeckten. Heute sind die Belgier Marktführer. Die weiß-gelben Sprossen treiben nur im Dunkeln aus. Beleuchtete Gemüseregale sind Gift für die zarten Blätter: Sie verlieren Nährstoffe, verfärben sich grün. Sein zartbitterer Geschmack erinnert an Endivien, einen Verwandten. Doch wird der Bitteranteil immer mehr fortgezüchtet.

Gesund mit Genuss

Der Bitterstoff Taraxin im Chicorée weckt Appetit. Er aktiviert Leber und Magen, stärkt die Verdauung und reinigt das Blut. Die Sprossen entwässern und entschlacken. Das hilft den Nieren bei der Entgiftung des Organismus. Da Chicorée äußerst kalorienarm ist, bietet er sich für eine Diät an: 100 g Gemüse enthalten 12 Kalorien.

Chicorée einkaufen und zubereiten

Frischesignal	weiße Blätter, gelbe Spitzen, oben geschlossen
Lagerung	2–3 Tage in Papier im Gemüsefach des Kühlschranks; dunkel
Verarbeitung	äußere Blätter wegwerfen; Strunk keilartig ausschneiden, wenn man den bitteren Geschmack meiden will; roh oder garen
Vorsicht	grünliche Färbung deutet auf sehr bitteren Geschmack; nicht in Eisentöpfen kochen: dunkle Verfärbung möglich

Fruchtiger Chicorée-Salat

- *3 Chicorée*
- *100 g Feldsalat*
- *2 Mandarinen*
- *1 Banane*
- *1 Orange*
- *3 EL Öl*
- *1/2 TL Curry, Salz*
- *2 EL Mandelsplitter*

Chicorée putzen und in sehr dünne Ringe schneiden. Feldsalat putzen. Mandarinen schälen und filetieren. Bananen schälen und in Scheiben schneiden. Salat mit Obst mischen.

Aus frisch gepresstem Orangensaft, Öl und Gewürzen eine Vinaigrette rühren. Über den Salat gießen. Mit Mandelsplittern bestreuen.

Glasierter Chicorée auf Preiselbeersauce

- *6 kleine Chicorée*
- *20 g Butter*
- *2 EL Honig*
- *1 Zitrone*
- *Pfeffer, Salz*

Chicorée putzen, halbieren. Butter mit Honig erhitzen, Chicorée darin wenden, Zitronensaft angießen, würzen und 5 Min. köcheln.

- *150 g Preiselbeeren*
- *2 EL Zucker*
- *1 Orange*

Für die Sauce Preiselbeeren waschen, mit Zucker und Orangensaft aufkochen, 5 Min. köcheln, ev. durch ein Sieb streichen.

Chicorée auf Fruchtspiegel servieren. Dazu schmeckt gegrilltes Geflügel oder Fisch.

Überbackener Chicorée

- *4 Chicorée*
- *2 Grapefruit*
- *Butter*
- *Pfeffer*
- *200 g Roquefort*

Chicorée putzen, halbieren und in wenig Wasser 5 Min. dünsten.

Grapefruit schälen und filetieren. Chicoréehälften mit Grapefruitfilets in eine eingefettete, feuerfeste Form schichten, pfeffern, mit zerbröckeltem Roquefort bedecken und bei Oberhitze goldbraun überbacken.

Dazu schmeckt frisches Bauernbrot mit Landbutter.

Chicorée-Gratin mit Muscheln

- *4–6 Chicorée*
- *12 ausgelöste Jakobsmuscheln*
- *2 Schalotten*
- *Butter*
- *100 ml Weißwein*
- *Pfeffer, Salz, Muskat*
- *150 ml süße Sahne*
- *2 Eigelbe*
- *4–6 EL Semmelbrösel*

Chicorée putzen, halbieren und in Salzwasser 5 Min. nicht zu weich kochen. Muscheln waschen.

Schalotten schälen und fein würfeln. In 1 TL Butter anbraten, mit Wein ablöschen, würzen und Muscheln darin 3–5 Min. garen.

Muscheln herausnehmen. Sahne angießen und einköcheln, mit Eigelb legieren – nicht mehr kochen.

Feuerfeste Form einfetten. Chicorée einschichten, Muscheln und Sahnesauce darauf verteilen, mit Semmelbröseln und Butterflöckchen bedecken. Bei Oberhitze 10 Min. goldbraun backen.

Kohl

Vitamin C, Folsäure, Eisen, Kalium, Kalzium, Ballaststoffe

Von Mai bis in den Dezember hinein wird Kohl geerntet. Groß und rund, spitz hellgrün oder leuchtend grün wie Rosenkohl fällt das Gemüse beim Marktbummel ins Auge. Die meisten Kohlköpfe sind lagerfähig. Daher beherrschen sie die Wintermärkte, wenn frische Gemüse fehlen.

Rotkohl enthält viel Vitamin C und ist gut bekömmlich. Weißkohl liefert zusätzlich Vitamin B_1 und B_2. Grünkohl und Rosenkohl sind ebenfalls gute Vitamin-C-Quellen und blähen im Gegensatz zu Weißkohl nicht. Bleiben diese Sorten im ersten Winterfrost auf dem Feld, wandelt sich ihre Stärke in Zucker um; die Folge: milder Geschmack.

Kohlgeschichte

Einst im Mittelmeerraum beheimatet, prägt Kohl heute die nördlichen Speisekarten. Die weißen und roten Köpfe gelten weltweit als das »deutsche Gemüse«. Von Heinrich Heine bis zu Wilhelm Buschs »Witwe Bolte« zieht sich die Liebe zum Kohl durch die deutsche Literatur. Franzosen haben beim Thema Kohl noch anderes im Sinn. »Mon chou chou« nennen sie genussorientiert und zärtlich zugleich ihre Liebste: Mein Kohlköpfchen.

Gesund mit Genuss

Im Kohl stecken keimtötende und reinigende Senföle; sie senken schädliche Cholesterinwerte. Essen Sie Weiß- oder

Kohl einkaufen und zubereiten

	GRÜNKOHL
Frischesignal	steife, knackige Blätter
Lagerung	nach dem ersten Frost geerntet, 2–3 Tage kühl
Verarbeitung	sehr gut waschen, 20–50 Min. garen, plus Fett; in Milch gekocht milder
Vorsicht	Blattrippen nicht mitverarbeiten: Nitrat
	ROSENKOHL
Frischesignal	feste Köpfe an bis zu 1 m langem Stiel, nicht gelblich
Lagerung	nach dem ersten Frost geerntet, 1–2 Tage kühl
Verarbeitung	Stielansatz und trockene Außenblätter entfernen; 3–10 Min. garen; gehobelt roh; Kochwasser mitverarbeiten
Vorsicht	lange Kochzeiten zerstören Nährstoffe und Geschmack

Rotkohl roh; zerkocht wirken diese Substanzen nicht. Mediziner empfehlen Weißkohl bei Magengeschwüren und Krebs. Milchsauer vergorenes Sauerkraut baut die Darmflora auf und verbessert die Verdauung.

Sauerkraut selbst herstellen

- *2 kg Weißkohl*
- *2 geh. EL Salz*
- *1 säuerlicher Apfel*
- *10 Wacholderbeeren*
- *1 TL Kümmel*

Weißkohl oder zarteren Spitzkohl putzen, Strunk ausschneiden. Dünn hobeln, Strunk reiben. In einer Schüssel eine Lage Kohl (5 cm hoch) salzen, stampfen, bis Wasser austritt. Nächste Lage auffüllen, salzen, wieder stampfen.

Apfel schälen und stifteln, mit Gewürzen untermischen. Kraut mit Flüssigkeit in Einmachgläser füllen; ein Viertel der Gläser leer lassen. Bedeckt das Kohlwasser das Gemüse nicht, lauwarmes Wasser zugießen.

Fest verschließen, dunkel 4–8 Wochen gären lassen. Die erste Woche im warmen Raum, dann kühl im Keller.

Sauerkraut roh essen oder 15 Min. garen, nicht zerkochen. Mit Weintrauben, Ananas-, Mandarinen- oder Apfelstücken verfeinern.

	ROTKOHL
Frischesignal	glatte Blätter, nicht lederig
Lagerung	1–2 Wochen dunkel
Verarbeitung	halbieren, Strunk ausschneiden, roh hobeln oder 20–50 Min. garen; Kochwasser mitverarbeiten; Zitronensaft erhält das Rot
Vorsicht	verfärbt sich in Aluminiumtöpfen, nimmt Metallgeschmack an
	WEIßKOHL / SPITZKOHL
Frischesignal	weißlich-hellgrün, nicht gelblich
Lagerung	1–2 Wochen dunkel
Verarbeitung	halbieren, Strunk ausschneiden, roh hobeln oder garen; Spitzkohl nur 10–20 Min.; Kochwasser mitverarbeiten
Vorsicht	bläht und ist schwer verdaulich; länger als 1 Std. gekocht: typischer Kohldunst
	WIRSING
Frischesignal	kraus, hart, nicht gelblich; frühe Sorten mit hellen Herzblättern
Lagerung	1–2 Wochen dunkel
Verarbeitung	sehr gut waschen, 10–30 Min. garen; Kochwasser mitverarbeiten
Vorsicht	wegen starken Kohlgeschmacks nicht aufwärmen

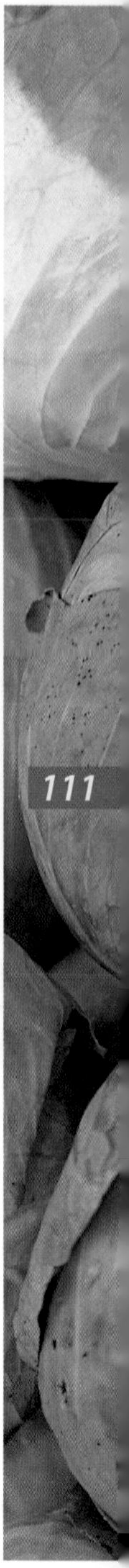

Rotkohlsalat mit Nüssen

- *½ Rotkohl*
- *1 gestr. TL Salz*
- *2 Zitronen*
- *2 TL Honig*
- *1 säuerlicher Apfel*
- *1 Zwiebel*
- *1 Orange*
- *3 EL entkernte Walnüsse*

Rotkohl fein hobeln, mit Salz bestreuen, stampfen, so dass Saft austritt. Zitronen auspressen, mit Kohlsaft und Honig verrühren.

Apfel und Zwiebel schälen, grob reiben. Orange filetieren und alles mischen. Walnüsse grob brechen und darüber streuen.

Spitzkohl in Zitronensauce

- *½ Spitzkohl*
- *150 ml Weißwein*
- *1 unbehandelte Zitrone*
- *150 ml saure Sahne (20 % Fett)*
- *Pfeffer, Salz*
- *1 Bund Zitronenmelisse*

Kohl in 3 mm schmale Streifen schneiden und 10 Min. in Salzwasser kochen. Gut abtropfen.

Wein mit Zitronensaft und Sahne erhitzen, um ein Drittel einköcheln. Zitronenschale ganz abreiben und würzen. Zitronenmelisse fein hacken und mit der Sahne unter den Kohl mischen.

Wirsing mit Pilzen

- *500 g Wirsing*
- *250 ml Gemüsebouillon*
- *250 g Pilze*
- *1 TL Öl, Pfeffer*
- *1 Karotte*
- *1 Pastinake*
- *200 ml süße Sahne*
- *1 Orange*

Wirsing putzen, in Stücke zupfen und 10 Min. in Bouillon garen. Pilze putzen, blättrig schneiden und in Öl kurz anbraten, pfeffern.

Karotte und Pastinake putzen, fein reiben. Sahne steif schlagen. Gemüse und ausgelöste Orangenfilets unter die Sahne rühren, schwach pfeffern.

Wirsing mit Pilzen auf einer Platte anrichten, Sahne häufchenweise darauf setzen.

Rosenkohl-Maronen-Gratin

- *300 g Maronen*
- *250 ml Milch*
- *Pfeffer, Salz, Muskat*
- *100 ml süße Sahne*
- *500 g Rosenkohl*
- *4–5 EL Semmelbrösel*
- *Butter*

Maronen einschneiden, im Backofen bei 220 °C auf einem Blech 20 Min. backen, bis sie aufplatzen. Schälen, in Milch weich kochen, abgießen und pürieren. Würzen und Sahne unterrühren.

Rosenkohl putzen und in Salzwasser 8 Min. kochen.

Feuerfeste Form einfetten, Rosenkohl einfüllen, Maronenpüree darauf streichen. Semmelbrösel gleichmäßig darüber streuen, Butterflöckchen aufsetzen und bei Oberhitze überbacken.

Grünkohl mit Kassler

- *600 g Grünkohl*
- *1 Zwiebel*
- *40 g Schweineschmalz*
- *500 ml Gemüsebouillon*
- *Pfeffer, Kümmel*
- *600 g ausgelöstes Kassler (Nacken)*
- *400 g Kartoffeln*

Kohl putzen und in feine Streifen schneiden. Zwiebel schälen und würfeln, im Schmalz anbraten. Grünkohl zugeben, mit Bouillon aufgießen, würzen und mit Kassler 30 Min. zugedeckt kochen. Kartoffeln schälen und grob würfeln. Kartoffeln unterrühren und noch 20 Min. köcheln. Vor dem Auftischen Kassler herausnehmen, heiß abspülen, und in dünne Scheiben schneiden. Auf dem Gemüse servieren.

Tipp: Die Ostfriesen lieben zu Grünkohl Pinkelwurst aus Getreidegrütze und Zwiebeln. Die Niedersachsen nehmen Brägenwurst aus Schweinefleisch und Hirn (Brägen).

Elsässische Sauerkrautplatte

- *1 Zwiebel*
- *1 EL Schweineschmalz*
- *1 kg frisches Sauerkraut*
- *1 EL Wacholderbeeren*
- *1 geh. TL weiße Pfefferkörner*
- *1 TL getr. Thymian*
- *100 ml Weißwein*
- *250 ml Gemüsebouillon*

Zwiebel in dünne Ringe schneiden und im Schmalz anschwitzen. Sauerkraut und Gewürze zugeben, mit Wein plus Bouillon ablöschen. 15 Min. köcheln.

Dazu gehören pro Portion 1 Würstchen, 1 Scheibe durchwachsener, geräucherter Speck, 1 Leberknödel, die im Sauerkrauttopf erwärmt werden.

Eine Luxusvariante sieht gebratenen Fasan als Beilage vor. Die Elsässer servieren ihr Choucroute à l'Alsace mit Salzkartoffeln und mittelscharfem Senf.

Wirsingrouladen

- *8 große Wirsingblätter*
- *400 g Schafskäse*
- *1 Zwiebel*
- *100 g grüne, entsteinte Oliven*
- *2 Eier*
- *3–4 geh. EL Semmelbrösel*
- *Pfeffer, Paprika*
- *1–2 EL Öl*
- *250 ml Gemüsebouillon*
- *4 Tomaten*

Wirsingblätter 5 Min. blanchieren, Rippen flach schneiden. Schafskäse zerbröckeln, mit gewürfelter Zwiebel, in Scheiben geschnittenen Oliven, Eiern und Semmelbröseln mischen, würzen. Masse in Kohlblätter füllen, aufrollen und mit Küchenzwirn fixieren. Rouladen im heißen Öl anbraten, mit Bouillon ablöschen und 30 Min. zugedeckt garen.

In den letzten 10 Min. geschälte, gewürfelte Tomaten zugeben. Tomatensauce pürieren, ev. einkochen, abschmecken. Rouladen darauf servieren.

Pastinaken

Vitamin C, Folsäure, Kalium, Kalzium, Stärke, Ballaststoffe

Das Wurzelgemüse erfreut sich neuer Beliebtheit. Pastinaken, zu Deutsch Hammelmöhren, sind eine Kreuzung aus Petersilienwurzel und Sellerie. Das zeigt schon die Form. Nur ist die Pastinake gelblicher. Die Wurzel schmeckt süßlich und würzig zugleich, ein wenig nach Nuss.

Pastinakengeschichte

Pastinaken gehören seit dem 16. Jahrhundert zu den Kulturpflanzen. Wildformen bereicherten bereits antike Festtafeln. Doch Karotten und Kartoffeln verdrängten sie. Die Wurzeln verkamen zu Schweinefutter, und in Trögen landen sie noch heute in Italien. Wie Maronen sollen sie besten Einfluss auf die Schinkenqualität haben.

Gesund mit Genuss

Pastinaken enthalten Kümmelöl, das Magen-Darm-Beschwerden lindert und die Verdauung reguliert. Ihr Kraut soll unfruchtbaren Frauen Kindersegen bescheren – wenn die Medizin versagt, tut's vielleicht der Glaube an Pastinaken.

Pastinaken einkaufen und zubereiten

Frischesignal	gelbliche Schale, innen weiß; fest, weiche Wurzeln schmecken nicht; große Exemplare ev. holzig; besonders süß nach dem ersten Frost geerntet
Lagerung	2–4 Tage im Gemüsefach des Kühlschranks, dunkel, trocken; länger in Sand wie Karotten
Verarbeitung	bürsten oder schälen, schaben wie Karotten; roh raspeln, garen; Kraut wie Petersilie verwenden; ihre Stärke bindet wie Kartoffeln
Vorsicht	Rohkost ist schwer verdaulich

Pastinakensalat

- *3 Pastinaken*
- *2 Karotten*
- *2 säuerliche Äpfel (Boskop, Jonagold)*
- *2 Zitronen*
- *100 ml saure Sahne (20 % Fett)*
- *50 ml Joghurt*
- *1 geh. TL geriebener Meerrettich*
- *Pfeffer, Salz*
- *2 geh. EL entkernte Walnüsse*

Gemüse putzen, Äpfel schälen. Alles roh fein reiben und mit Zitronensaft beträufeln. Sahne und Joghurt mit Meerrettich sowie Gewür-

zen verrühren, ev. mit etwas Zitronensaft abschmecken. Salat mit dem Sahnedressing anmachen und mit zerhackten Nüssen bestreuen.

Pastinaken-Linsen-Suppe

- *250 g braune Linsen*
- *1 Zwiebel*
- *1 EL Öl*
- *1 l Gemüsebouillon*
- *2 Pastinaken*
- *2 Kartoffeln*
- *Pfeffer, Salz, Anis*

Linsen über Nacht einweichen. Zwiebel würfeln, in einem Topf im Öl braun braten, mit Bouillon ablöschen, Linsen zugeben und 40 Min. kochen.

Pastinaken und Kartoffeln putzen, klein würfeln. Zugeben, würzen und die Suppe weitere 20 Min. köcheln.

Mit weniger Flüssigkeit erhalten Sie eine schmackhafte Gemüsebeilage zu warmem Schinken, gekochtem Rindfleisch, Getreidegerichten.

Pastinakentorte

- *175 g Weizenvollkornmehl*
- *1 EL Kartoffelmehl*
- *1 Msp. Salz*
- *1½ TL Backpulver*
- *1 EL Öl*
- *2–3 EL Milch*

Mehl, Salz und Backpulver in eine Schüssel sieben. Mit Öl und Milch zu einem weichen Teig kneten. 15 Min. ruhen lassen, ausrollen. Teig in eine runde Springform drücken, gleichmäßig einstechen und 5 Min. bei 200 °C blind backen.

- *4 Pastinaken*
- *Pfeffer, Salz*
- *1 Stängel Rosmarin*
- *3 Zwiebeln*
- *1 EL Öl*
- *75 g Emmentaler*

Pastinaken putzen, klein schneiden, würzen und mit zerkleinerten Rosmarinnadeln weich kochen. Anschließend pürieren.

Zwiebeln in Ringe schneiden, im Öl glasig anschwitzen. Zwiebelringe auf dem Tortenteig verteilen, Pastinakenmus darüber streichen und Käse darauf reiben. Bei 200 °C 30 Min. auf mittlerer Schiene backen.

Muscheln in Pastinakensud

- *1,5–2 kg Miesmuscheln*
- *2 Pastinaken*
- *1 Zwiebel*
- *1 Porree*
- *1 EL Öl*
- *250 ml Weißwein*
- *1 geh. TL Pfefferkörner*

Muscheln unter fließendem Wasser bürsten und Bärte abschneiden, geöffnete Schalen aussortieren.

Gemüse putzen und in bleistiftgroße Juliennestreifen bzw. Ringe schneiden. Im Öl anbraten. Mit Wein ablöschen, würzen und 10 Min. kochen. Muscheln zugeben und 5 Min. abgedeckt kochen. Topf gelegentlich rütteln. Geschlossene Muscheln wegwerfen. Dazu schmecken eine selbst gerührte Aioli und Schwarzbrot.

Schwarzwurzeln

Vitamin E, Eisen, Kalium, Kalzium, Eiweiß, Ballaststoffe

Unscheinbar liegen Schwarzwurzeln in ihren Marktkisten. Nur Kenner wittern eine Delikatesse unter der dunklen Korkschale. Sie hat dem Wintergemüse den Namen gegeben.
Bei Schwarzwurzeln setzt die Natur reichlich Arbeit vor den Genuss. Doch sollte Sie das nicht abhalten, den zarten, ein wenig nussigen »Winter- oder Arbeiterspargel« zuzubereiten.

Gesund mit Genuss

Schwarzwurzeln entwässern und werden Nierenkranken empfohlen. Ihr Eiweiß ist gut bekömmlich. Für Diabetiker sind die Stangen das ideale Gemüse, da sie Inulin enthalten – ein Kohlenhydrat, das als Diätzucker bei Diabetes mellitus genutzt wird. Gerüchten zufolge sollen Schwarzwurzeln einst gegen Pestansteckung geholfen haben. Tatsächlich versorgt das Gemüse reichlich mit Nährstoffen und stärkt das Immunsystem – besonders roh!

Schwarzwurzeln einkaufen und zubereiten

Frischesignal	steife Stangen, nicht angeknackt; sehr feucht beim Anschnitt; hellgrüne Blätter
Lagerung	2–3 Tage im Gemüsefach des Kühlschranks, eingewickelt in Papier
Verarbeitung	bürsten, schälen bzw. wie Pellkartoffeln kochen und abziehen; gut waschen, sofort in Wasser mit Zitronensaft, Essig bzw. 2 Msp. preiswerter Ascorbinsäure (Apotheke) legen; roh oder 20 Min. kochen; frische Blätter mitverwenden
Vorsicht	der weiße Saft färbt rostrot (Gummihandschuhe!); nicht aufwärmen

Schwarzwurzelsalat

- *2 unbehandelte Orangen*
- *4 EL Öl*
- *einige Tropfen Nussöl*
- *Pfeffer, Salz*
- *½ TL Anis*
- *1 Fenchelknolle mit Grün*
- *750 g Schwarzwurzeln*
- *Essig*
- *2 geh. EL Cashewnüsse*

Aus dem Saft der Orangen, 1 TL abgeriebener Schale, Öl und Gewürzen eine Vinaigrette rühren. Fenchel putzen, in dünne Spalten schneiden, in die Vinaigrette legen. Grün klein hacken. Schwarzwurzeln schälen und jede Stange sofort in Essigwasser legen. In 5 mm kurze Stücke oder bleistiftdünne Streifen schneiden und mit Salatsauce übergießen. Mit Fenchelgrün und zerkleinerten Nüssen bestreuen.

Frittierte Schwarzwurzeln

- *16 Stangen Schwarzwurzeln*
- *2 Zitronen*
- *8 geh. EL Weizenmehl*
- *4 geh. EL Kartoffelmehl*
- *2 Msp. Backpulver*
- *1 Msp. Salz*
- *Rosenpaprika*
- *Mineralwasser*
- *500 g hoch erhitzbares Pflanzenfett*

Schwarzwurzeln schälen, in 5 cm lange Stücke schneiden und in Zitronenwasser 15 Min. kochen.

Mehl, Backpulver, Gewürze mit Mineralwasser zu einem dünnflüssigen Teig glatt rühren. Feuchtes Gemüse in Mehl wenden, in Teig tauchen und im heißen Fett frittieren.

Dazu passt Käsesauce, Pilzsauce mit Pastinake gewürzt oder pürierter Winterspinat mit Sahne und Muskat.

Schwarzwurzelsuppe

- *750 g Schwarzwurzeln*
- *2 Zitronen*
- *2 Stangen Porree*
- *750 ml Gemüsebouillon*
- *Pfeffer, Salz*
- *½ TL zerstoßene Muskatblüte*
- *150 ml Sahnejoghurt (10 % Fett)*
- *2 Eigelbe*
- *2 geh. EL Sesam*

Schwarzwurzeln schälen, sofort in Zitronenwasser legen. Porree putzen und den hellen Teil mit den Schwarzwurzeln in Bouillon 20 Min. kochen. Pürieren und würzen.

Joghurt mit Eigelb verrühren. Suppe damit legieren – nicht mehr kochen. Mit Sesam bestreuen.

Mit weniger Flüssigkeit erhalten Sie ein schmackhaftes Gemüsepüree.

Steckrüben

Vitamin C, Kalium, Ballaststoffe

Ihre große Stunde erlebte die gelblich orange Steckrübe während der zwei Weltkriege; Unzählige rettete sie vor dem Hungertod. Doch sollte uns diese Vergangenheit nicht dazu veranlassen, sie als Armenkost zu schmähen. Das zu Unrecht verdrängte Wintergemüse schmeckt aromatisch – mal süßlich, mal herb. Wer auf fettes Schweinefleisch im Rübentopf verzichtet, genießt kulinarische Entdeckungen.

Steckrüben einkaufen und zubereiten

Frischesignal	glatte Schale, gelblich oder rötlich; keine Risse, schwer; kein grauer Schimmer; blau-grüne Blätter
Lagerung	1 Woche dunkel; überwintert im Keller
Verarbeitung	bürsten und großzügig schälen; garen; plus Fett; den herben Geschmack durch Gewürze ausgleichen; Alternative zu Karotten
Vorsicht	nicht roh essen, blähen

Steckrübensalat

- *1 kleine Steckrübe*
- *2 Karotten*
- *2 Orangen*
- *150 ml saure Sahne (10 % Fett)*
- *1 EL geriebener Meerrettich*
- *Paprika, Salz*
- *2 EL Sonnenblumenkerne*

Steckrübe schälen, in schmale Stifte schneiden, in Salzwasser 10–15 Min. kochen und abkühlen. Karotten fein reiben. Mit den ausgelösten Filets einer Orange mischen.

Sahne mit frisch gepresstem Saft der zweiten Orange verrühren, würzen und unter den Salat rühren. Mit Sonnenblumenkernen bestreuen.

Steckrübenmus

- *1 Steckrübe*
- *1 Pastinake (Ersatz: Petersilienwurzel)*
- *250 ml Geflügelbouillon*
- *Cayennepfeffer, Salz, Muskat*
- *1–2 Nelken*
- *1 Zitrone*

Gemüse putzen und würfeln, in Bouillon aufsetzen und in 30 Min. mit den Gewürzen weich köcheln. Nelken herausfischen, pürieren und mit Zitronensaft abschmecken.

Zum Mus passt eine gedünstete Hühnerbrust, kurz gebratene Kaninchenfilets oder geschmorte Wirsingblätter.

Steckrübensuppe

- *100 g durchwachsener, geräucherter Speck*
- *1 Zwiebel*
- *1 Bund Blattpetersilie*
- *1 l Gemüsebouillon*
- *Pfeffer, Salz, Majoran*
- *1 kleine Steckrübe*
- *2 Stangen Staudensellerie*
- *50 g Parmesan*

Speck klein schneiden und auslassen. Zwiebel würfeln und mit der Hälfte der Petersilienblätter anbraten. Mit Bouillon ablöschen und würzen.

Gemüse putzen und in kleine Würfel schneiden. In der Suppe 30 Min. köcheln. Mit restlichen Petersilienblätter und frisch geriebenem Parmesan bestreut servieren.

Dazu reichen Sie wie in der italienischen Heimat dieser Winterminestrone geröstetes Bauernbrot, auf das Sie kaltgepresstes Olivenöl träufeln.

Fruchtiger Rübenauflauf

- *1 Steckrübe*
- *4 säuerliche Äpfel (Boskop, Jonagold)*
- *Butter*
- *Pfeffer, Salz, Muskat*
- *1–2 cm Ingwer*
- *50 g brauner Zucker*
- *100 ml naturtrüber Apfelsaft*

Steckrübe schälen, vierteln und in 2–3 mm dünne Scheiben schneiden. Äpfel schälen, halbieren, Gehäuse ausschneiden und 5 mm dick aufschneiden.

Feuerfeste Form gut einbuttern. Steckrüben- und Apfelscheiben abwechselnd einschichten. Kräftig würzen, mit fein geriebenem Ingwer und Zucker bestreuen.

Apfelsaft angießen. Im vorgeheizten Backofen auf mittlerer Schiene bei 180 °C 60 Min. zugedeckt, 10 Min. offen backen.

Topinambur

Provitamin A, Eisen, Kalium, Zucker, Ballaststoffe

Die Knollen sehen aus wie dunkle Kartoffeln, die der Ingwerwurzel Konkurenz machen wollen. Doch botanisch handelt es sich um eine Sonnenblume. Im Deutschen heißt Topinambur Erdbirne oder Erdartischocke, und an Artischocken erinnert auch ihr Geschmack.

Topinamburgeschichte

Die nordamerikanische Wurzel wurde im frühen 17. Jahrhundert aus Louisiana nach Frankreich importiert und dort angebaut. Ihr Name stammt jedoch von einem brasilianischen Indianerstamm, den Tupinambá. Französische Seefahrer hatten zu ihnen bereits seit 1525 Kontakt und verschleppten einige Indianer als exotische Wilde nach Versailles. Ihr Name wurde in der königlichen Gesellschaft zum Inbegriff für alles Außergewöhnliche, so auch für das viel später eintreffende, fremde Gemüse.
Zum Bedauern mancher Gourmets kam Topinambur in Europa kulinarisch so wenig zum Zug wie die Franzosen politisch in Nordamerika.

Topinambur einkaufen und zubereiten

Frischesignal	feste Knolle, durchsichtige Haut, außen gelb-braun oder rötlich; innen weiß, gelblich; Schnittstelle saftig
Lagerung	1–2 Tage im Gemüsefach des Kühlschranks, in Sand länger
Verarbeitung	gründlich unter fließendem Wasser bürsten, 30 Min. wie Pellkartoffeln kochen, schälen und sofort verarbeiten; Zitronensaft (preiswerter Ersatz: Ascorbinsäure) verhindert Verfärbung; roh, braten; plus Fett
Vorsicht	Rohkost ist schwer verdaulich

Die geschmacklich anpassungsfähigere Kartoffel verdrängte sie. Erst jüngst taucht Topinambur vereinzelt an Marktständen wieder auf.

Gesund mit Genuss

Topinambur stärkt das Immunsystem. Das Gemüse entwässert und hilft die Nieren zu reinigen. Da die Knollen Inulin enthalten, ist es das Gemüse für Diabetiker. Das Kohlenhydrat Inulin gilt als wertvoller Diätzucker.

Wintersalat

- *1 Endiviensalat*
- *2 Äpfel (Goldapfel, Boskop)*
- *2 EL Essig, 4 EL Olivenöl*
- *Pfeffer, Salz*
- *1 geh. TL geriebener Meerrettich*
- *1 Bund Schnittlauch*
- *2 Topinambur*
- *1 Zitrone*

Salat putzen und in mundgerechte Stücke teilen. Äpfel schälen und grob reiben. Aus Essig, Öl und Gewürzen eine Vinaigrette rühren. Salat anmachen und Schnittlauchröllchen darüber streuen.

Topinambur erst kurz vor dem Servieren 5 Min. blanchieren, Haut abziehen und fein reiben. Sofort mit Zitronensaft beträufeln. Auf dem Salat verteilen.

Topinambursuppe

- *500 g Topinambur*
- *2 Kartoffeln*
- *750 ml Hühnerbouillon*
- *Pfeffer, Salz, Paprika*
- *1 gestr. TL Curry*
- *150 ml süße Sahne*
- *2 geh. EL Sesam*

Topinambur und Kartoffeln bürsten, in der Schale 20 Min. kochen, schälen und grob reiben. Gemüse in die Bouillon geben, würzen und 15 Min. köcheln.

Sahne einrühren, noch einmal aufkochen. Mit Sesam bestreut servieren.

Gedünsteter Topinambur

- *6 Topinambur*
- *2 EL Honig*
- *1 Orange*
- *Pfeffer, Muskat*
- *10 g Butter*
- *2 geh. EL Haselnüsse*

Topinambur 20 Min. kochen, Haut abziehen und in 3 mm dünne Scheiben schneiden. Honig im Orangensaft auflösen, erhitzen, Topinambur zugeben, würzen und mit Butter 10 Min. garen. Gemüse mit gehackten Haselnüssen bestreuen.

Topinambur-Rösti

- *6 Topinambur*
- *3 fest kochende Kartoffeln*
- *2 Eier*
- *Pfeffer, Salz*
- *½ TL Koriander*
- *Olivenöl*

Topinambur 5 Min. blanchieren und Haut abziehen. Kartoffeln bürsten, weich kochen und schälen. Gemüse fein reiben.

Masse mit Eiern mischen. Kräftig würzen und kleine Röstis (ø 5 cm) im heißen Öl ausbraten. Auf Küchenkrepp abtropfen.

Dazu schmeckt knackiger Wintersalat oder eine Gemüsesauce.

Winterfrüchte

Der einheimische Anbau bietet ab November keine frischen Früchte. Die späten Winteräpfel und Birnen werden eingelagert. Hauptsächlich präsentieren die Märkte Importe: Zitrusfrüchte, Datteln, Bananen und Trockenfrüchte feiern Hochsaison. Sie sind jetzt preiswerter, aber auch von besserer Qualität als in den Sommermonaten.

Gesund mit Genuss

Bereiten Sie im Winter die Salatvinaigrette mit Zitronen- oder Orangensaft statt mit Essig. Ihr Vitamin C stärkt die Abwehrkraft. Zudem regen Zitrusfrüchte den Appetit an; das kann bei Kindern willkommen sein.

Äpfel helfen Fett abzubauen; nicht umsonst nehmen traditionelle Hausfrauen zur Füllung von Gänsen oder Enten Winteräpfel.

Bei Schlafproblemen heißt ein Hausmittel Banane. Ihr hoher Kalium- und Magnesiumgehalt beruhigt. Tagsüber hilft sie wie Datteln mit ihrem Frucht- und Traubenzucker Stress durchzustehen.

Winterfrüchte einkaufen und zubereiten

	BANANEN
Frischesignal	dunkelgelbe Schale, nicht grünlich, erste braune Flecken, aromatischer Duft; kleine Sorten geschmacksintensiver
Lagerung	1 Woche, nicht im Kühlschrank; reifen in Papier nach
Verarbeitung	Spitze abschneiden, roh, in Scheiben trocknen oder frittieren, braten; Marmelade mit Zitrusfrüchten, Kuchen
	DATTELN
Frischesignal	prall, glänzende Haut, weiches Fruchtfleisch
Lagerung	1–2 Wochen trocken, kühl
Verarbeitung	roh, Haut abziehen und in Müsli oder Creme rühren, mit Sahnequark oder Marzipan füllen, in Saucen mitkochen
	ZITRUSFRÜCHTE
Frischesignal	leuchtende Farbe, glänzende Schale, aromatischer Duft
Lagerung	1 Woche, dunkel
Verarbeitung	auspressen, Gelee, Torten; Saft oder abgeriebene Schale in Saucen mitkochen; Alternative zu Essig

Bratäpfel

- *4 Äpfel (Gravensteiner)*
- *1 EL Rosinen*
- *1 EL Orangeat*
- *1 EL Preiselbeergelee*
- *2 geh. EL Zucker*
- *Butter*
- *Puderzucker*

Äpfel waschen, Gehäuse großzügig ausstechen. Rosinen, Orangeat und Preiselbeergelee mischen. Äpfel füllen.

In eine dick eingefettete, feuerfeste Form setzen. Zucker darüber streuen. Butterflöckchen auf die Äpfel verteilen und im vorgeheizten Backofen bei 200 °C in 25–30 Min. knusprig backen. Mit Puderzucker bestreut servieren.

Aprikosencreme

- *10–12 getr. Aprikosen*
- *1 Orange*
- *1/2 TL Lebkuchengewürz*
- *125 g Quark*
- *150 g süße Sahne*
- *2 EL Vanillezucker*

Aprikosen 4–5 Std. in frisch gepresstem Orangensaft einlegen. Mit dem Saft pürieren, würzen und glatt geschlagenen Quark unterrühren. Sahne mit Vanillezucker steif schlagen und unterziehen.

Nach Geschmack mit Orangenlikör beträufeln und mit gehackten Nüssen oder Pistazien dekorieren.

Crêpes Suzette

- *100 g feines Mehl*
- *1 Msp. Salz*
- *1 EL Puderzucker*
- *2 Eier*
- *125 ml Wasser*
- *Butterschmalz*

Alle Zutaten bis auf das Butterschmalz verquirlen, 30 Min. bei Zimmertemperatur ruhen lassen. Der Teig geht so auf und backt besser.

Im heißen Schmalz 8 hauchdünne Crêpes ausbraten. Zusammenrollen und warm stellen.

- *1 TL Butter*
- *2 EL Zucker*
- *1 unbehandelte Orange*
- *40 ml Grand Marnier*

Butter erwärmen, Zucker darin auflösen, karamellisieren. 1/2 TL abgeriebene Orangenschale, Saft der Orange und die Hälfte des Grand Marnier angießen, einköcheln.

Je zwei Crêpes auf einen Teller legen, mit Orangensauce überziehen, restlichen Likör angießen und entflammt servieren.

Gefüllte Datteln

- *20 frische Datteln*
- *100 g Frischkäse*
- *2 EL Mandelsplitter*
- *1–2 EL Honig*
- *1–2 EL Orangenwasser*

Datteln waschen, längs aufschlitzen und vorsichtig entkernen. Alle übrigen Zutaten zu einer glatten Masse verrühren; Datteln füllen.

Tipp: Orangenwasser erhalten Sie in der Apotheke.

Tagesbedarf an Vitaminen

Vitamin A bzw. Provitamin A: 1 mg

FRÜHLING: Frühlingszwiebeln, Spinat • **SOMMER:** Auberginen, Blattsalate, grüne Bohnen, Brokkoli, Gurken, Karotten, Mangold, rote Paprika, Tomaten; Aprikosen • **HERBST:** Fenchel, Pfifferlinge, Kürbis, Sellerie, Teltower Rübchen • **WINTER:** Chicorée, Grünkohl, Steckrüben, Topinambur • **GANZJÄHRIG:** Milch, Eier, Käse, Hülsenfrüchte; Leber, Fisch • **VORSICHT:** hoher Verlust durch Lichteinwirkung und an der Luft, fettlöslich

Vitamin B_1: 1,4 mg

FRÜHLING: Zuckerschoten • **SOMMER:** Erbsen, Tomaten • **HERBST:** Nüsse • **GANZJÄHRIG:** Getreide, Haferflocken, ungeschälter Reis, Hülsenfrüchte, Sonnenblumenkerne, Sesam, Milch, Eigelb, Fleisch, Fisch, Bierhefe
VORSICHT: hoher Verlust durch Erhitzen, geringerer Verlust an der Luft, wasserlöslich

Vitamin B_2: 1,6 mg

SOMMER: Blattsalate • **HERBST:** Mais, Pilze; Nüsse, Mandeln • **GANZJÄHRIG:** Milch, Käse, Eier, Vollkornbrot, Weizensprossen, Sojabohnensprossen; Fleisch, Leber, Fisch; Bierhefe • **VORSICHT:** geringer Verlust durch Erhitzen und Lichteinwirkung, wasserlöslich

Vitamin B_6: 1,8 mg

FRÜHLING: Lamm; Flusskrebs • **SOMMER:** Mais; Johannisbeeren • **HERBST:** Champignons; Feigen, Weintrauben; Nüsse • **WINTER:** Bananen • **GANZJÄHRIG:** Sprossen, Vollkornprodukte, Honig, Milch, Eigelb, Hülsenfrüchte; Fleisch, Innereien, Geflügel, Fisch • **VORSICHT:** hohe Verluste durch Sonneneinstrahlung und Erhitzen, wasserlöslich

Vitamin B_1: 3 µg

FRÜHLING: Ziege; Flusskrebs • **SOMMER:** Forelle, Renke • **WINTER:** Sauerkraut; Muscheln
GANZJÄHRIG: Milch, Käse, Eier, Sprossen, Algen, Tofu; Fleisch, Innereien, Fisch; Bierhefe • **VORSICHT:** hoher Verlust durch starkes Erhitzen (über 210 °C) und Säurekontakt, wasserlöslich

Vitamin C: 75 mg

FRÜHLING: Frühlingszwiebeln, Kartoffeln, Spargel, Spinat, Zuckerschoten; Rhabarber, Erdbeeren
SOMMER: Blattsalate, Blumenkohl, grüne Bohnen, Brokkoli, Erbsen, Gurken, Kohlrabi, Tomaten, Mangold, rote Paprika, Radieschen, Rettich, Kräuter; Äpfel, Beeren • **HERBST:** Rote Beete, Chinakohl, Fenchel, Kürbis, Maronen, Teltower Rübchen, Zucchini, Zwiebeln; Nüsse • **WINTER:** Chicorée, Kohl, Pastinaken, Steckrüben, Topinambur, Sauerkraut; Zitrusfrüchte • **GANZJÄHRIG:** Sprossen, Sanddorn, Hagebutten, Kiwi • **VORSICHT:** hoher Verlust durch Erhitzen, Lichteinwirkung und an der Luft, wasserlöslich

Vitamin D: 5 µg

FRÜHLING: Scholle • **SOMMER:** Forelle, Renke • **HERBST:** Pilze • **WINTER:** Kohl • **GANZJÄHRIG:** Milch, Käse, Eier, Fette, Öle; Innereien, fettreiche Seefische • **VORSICHT:** geringer Verlust an der Luft, wasser- und fettlöslich

Vitamin E: 12 mg

FRÜHLING: grüner Spargel, Zuckerschoten • **SOMMER:** Erbsen, Paprika, Tomaten • **HERBST:** Fenchel, Knollensellerie, Maronen; Nüsse • **WINTER:** Grünkohl, Porree, Schwarzwurzeln • **GANZJÄHRIG:** Weizenkeime, Sesam, Leinsamen, Sonnenblumenkerne, Mandeln, Vollkornprodukte, Sprossen, Hülsenfrüchte, Milchprodukte, Eier, pflanzliche Fette und Öle; Innereien, Fisch • **VORSICHT:** geringer Verlust durch Lichteinwirkung und an der Luft, fettlöslich

Biotin: 30–100 µg

HERBST: Nüsse • **GANZJÄHRIG:** Milch, Käse, gekochte Eier, Getreide, ungeschälter Reis, Sojaprodukte; Leber, Fisch, Bierhefe, Schokolade • **VORSICHT:** wasserlöslich

Folsäure: 300 µg

FRÜHLING: Spinat, Spargel • **SOMMER:** Auberginen, Blattsalate, roher Blumenkohl, Brokkoli, Erbsen, Karotten, Mangold, Tomaten, Petersilie • **HERBST:** Rote Bete, Chinakohl, Fenchel, Pfifferlinge, Steinpilze, Teltower Rübchen; Nüsse • **WINTER:** Chicorée, Grünkohl, Pastinaken, Porree, Rosenkohl, Rotkohl, Wirsing; Bananen, Zitrusfrüchte
GANZJÄHRIG: Milch, Quark, Käse, Eier, Hülsenfrüchte, Getreide, Vollkornbrot, Weizenkeime, Sprossen, mageres Fleisch, Leber, Geflügel; Bierhefe • **VORSICHT:** hoher Verlust durch Sonnen- und Lichteinwirkung, wasserlöslich

Niacin: 18 mg

SOMMER: Aprikosen • **HERBST:** Pilze; Nüsse; Rebhuhn • **WINTER:** Pute, Gans, Hase, Hirsch, Reh
GANZJÄHRIG: Vollkornprodukte, Weizenkleie, Hülsenfrüchte; mageres Fleisch, Geflügel, Hühnerleber, Thunfisch; Bierhefe, Kaffee • **VORSICHT:** wasserlöslich

Gemüse marktfrisch einkaufen

	Frühling	Sommer	Herbst	Winter
Artischocken	■ ■ ■	■		
Auberginen		■ ■ ■	■	
Rote Bete			■ ■ ■	
Blattsalate	■	■ ■ ■	■	
Blumenkohl		■ ■ ■	■	
Bohnen		■ ■ ■	■	
Brokkoli		■ ■ ■	■	
Champignons	■	■	■ ■ ■	■
Chicorée			■	■ ■ ■
Chinakohl			■ ■ ■	
Erbsen		■ ■ ■		
Fenchel		■	■ ■ ■	
Frühlings-zwiebeln	■ ■ ■	■		
Grünkohl				■ ■ ■
Gurken		■ ■ ■	■	
Karotten		■ ■ ■	■	
Kartoffeln	■ ■ ■	■	■ ■ ■	■
Knollensellerie		■	■ ■ ■	■
Kohlrabi		■ ■ ■	■	
Kürbis		■	■ ■ ■	
Mais		■ ■ ■	■	
Mangold	■	■ ■ ■	■	
Maronen			■ ■ ■	■
Paprika		■ ■ ■		

	Frühling	Sommer	Herbst	Winter
Pastinaken	■		■	■ ■ ■
Peperoni		■ ■ ■		
Pfifferlinge		■	■ ■ ■	
Porree		■ ■ ■	■	■ ■ ■
Radieschen	■	■ ■ ■		
Rettich	■	■ ■ ■	■	
Rosenkohl			■	■ ■ ■
Rotkohl		■	■	■ ■ ■
Rüben, weiße	■ ■ ■	■	■	
Schwarz-wurzeln			■	■ ■ ■
Spargel	■ ■ ■			
Spinat	■ ■ ■		■	■ ■ ■
Staudensellerie		■	■ ■ ■	
Steckrüben			■	■ ■ ■
Steinpilze		■	■ ■ ■	
Teltower Rübchen		■	■ ■ ■	
Tomaten		■ ■ ■	■	
Topinambur			■	■ ■ ■
Weißkohl	■		■	■ ■ ■
Wirsing	■		■	■ ■ ■
Zucchini		■	■ ■ ■	
Zuckerschoten	■ ■ ■			
Zwiebeln	■	■ ■ ■	■ ■ ■	■

Obst marktfrisch einkaufen

	Frühling	Sommer	Herbst	Winter
Äpfel		■ ■ ■	■ ■ ■	
Aprikosen	■	■ ■ ■		
Bananen	■	■	■	■ ■ ■
Birnen		■	■ ■ ■	
Brombeeren		■ ■ ■		
Datteln				■ ■ ■
Erdbeeren	■ ■ ■	■		
Feigen			■ ■ ■	
Grapefruit	■ ■ ■		■	■ ■ ■
Heidelbeeren		■ ■ ■		
Himbeeren		■ ■ ■		

	Frühling	Sommer	Herbst	Winter
Johannisbeeren		■ ■ ■		
Kirschen		■ ■ ■		
Nektarinen	■	■ ■ ■		
Orangen	■		■	■ ■ ■
Pfirsiche	■	■ ■ ■		
Pflaumen		■ ■ ■	■ ■ ■	
Preiselbeeren		■	■ ■ ■	
Quitten			■ ■ ■	
Rhabarber	■ ■ ■			
Weintrauben		■	■ ■ ■	
Zitronen	■	■	■	■ ■ ■

■ Nebensaison ■ ■ ■ Hauptsaison

Rezeptregister

Gaumenfreuden für Genießer

Jekka McVicar
Eßbare Blüten
Gerichte mit Tradition – jetzt wiederentdeckt: 100 köstliche Rezepte zu 50 Blüten.

Oded Schwartz
Augenschmaus & Gaumenfreude
Opulent ausgestatteter Bildband mit über 150 Rezepten aus aller Welt für süße und pikante Leckerbissen – mit traditionellen Konservierungstechniken, praxisgerecht aufbereitet und Schritt für Schritt leicht nachvollziehbar.

Erna Horn / Christa Muhle-Witt
Wild in der Küche
Das Standardwerk in Neubearbeitung: ein genussreicher Pirschgang durch die ganze Vielfalt der modernen Wildküche mit 385 Rezepten für die besten Spezialitäten · Grundlagen der Küchenpraxis: Einkauf, Vorbereitung, Garmethoden, Wild anrichten usw.

Julia della Croce
Pasta
Köstliche Originalrezepte für traditionelle italienische Pasta-Klassiker – mit Fotos, die Appetit machen.

Josef Zauner (Hrsg.)
Das große Buch der österreichischen Mehlspeisen
Traditionelle Spezialitäten und moderne Rezepte – von der k. u. k. Donaumonarchie bis zur Küchenpraxis von heute.

Eva Mayer-Bahl
Nockerl, Knödel, Schmarrn & Strudel
Die zarte Verführung für Schlemmer: eine einzigartige Sammlung von Originalrezepten für süße und pikante Mehlspeisen.

Im BLV Verlag finden Sie Bücher zu folgenden Themen: Garten und Zimmerpflanzen • Wohnen und Gestalten • Natur • Heimtiere • Jagd • Angeln • Pferde und Reiten • Sport und Fitness • Tauchen • Reise • Wandern, Alpinismus, Abenteuer • Essen und Trinken • Gesundheit und Wohlbefinden

BLV

Wenn Sie ausführliche Informationen wünschen, schreiben Sie bitte an:
BLV Verlagsgesellschaft mbH • Postfach 40 03 20 • 80703 München
Telefon 089 / 12705-0 • Telefax 089 / 12705-543